KB254106

행복으로 가는 마인드 다이어트

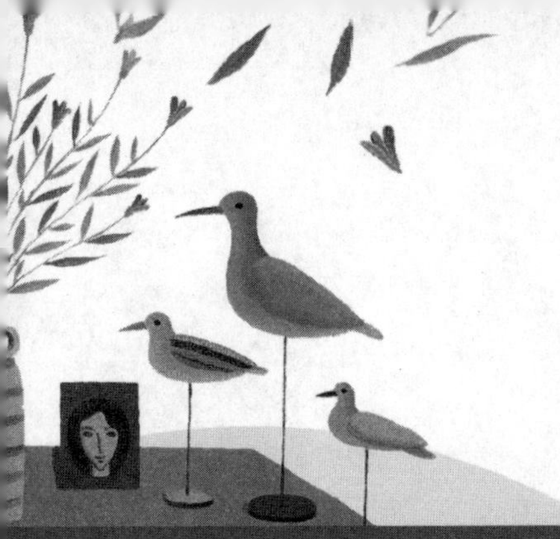

팔자타령에는 음치가 없네

새생활 감사원장 김원환 지음

우리출판사

팔자타령에는 음치가 없네

2000년 5월 1일 초판 인쇄
2000년 5월 8일 초판 발행

엮은이 김 원 환
펴낸이 김 동 금
펴낸곳 우리출판사

등록 제9-139호
서울특별시 서대문구 충정로3가 1-38호
TEL. (02) 313-5047 · 5056
FAX. (02) 393-9696

ISBN 89-7561-126-4 03810

정가 9,000원

* 잘못 제작된 책은 교환해 드립니다.

팔자타령에는 음치가 없네

머리말

우리 주위를 돌아보면 의외로 신세타령 내지는 팔자타령 하는 소리를 많이 듣게 된다.

"아이고, 내 팔자야!", "무슨 놈의 팔자가 이런지……", "지지리 복도 없지……", "난 운이 나쁜가봐" 등등 그 종류도 노래방 레파토리만큼 되는 것 같다.

만나는 사람 열에 8~9명이 불평과 불만 속에서 자신의 운명을 탓하고 겨우 1, 2명 정도가 대충 만족하며 행복하다고 한다. 그리고 장차 어떤 운명의 별 아래에서 살게 될까 두려워하면서 자신의 미래를 알려고 애쓴다. 신문에서 '오늘의 운세' 난을 살피고 또 점쟁이를 찾아가 자신의 운명을 물어보기도 한다. 그러나 어찌 만사를 운수소관으로 돌릴 것이며 한번뿐인 내 인생을 점쟁이에게 맡기겠는가.

이와 같이 바람직스럽지 못한 우리 사회의 한 모습은 모두 자신을 잃고 마음 밖에서 행복의 열쇠를 구하기 때문에 일어나는 현상이라고 본다. 세상사 모두 마음먹기에 달렸다 했다. "나쁜 마음 먹지 말고 착한 마음 먹고 살자." 이것이 나의 팔자(八字)고치기 심이요법(心餌療法)인데, 말이 쉽지 80넘은 노인도 실천하기 어려운 마음법이다. 그래서 사람들이 궁금해 하는 운명, 팔자 그리고 인생에 대해 바른 이해를 돕고 나아가 각자의 운명을 개척해 나가는 방법을 제시하고픈 생각에서 다시 펜을 들었다. 그동안 필자의 저서가 너무 어렵다는 독자들이 의견을 수용하여 이번에는 쉽고 재미있게 쓰려고 최선을 다했다. 독자분들의 엄정한 평가를 기대하는 바이다.

끝으로 필자의 집필 계획만 듣고 쾌히 출판을 결정하신 우리출판사의 무구스님과 김전무님께 진심으로 감사드리며, 거칠은 원고를 구슬처럼 예쁘게 꿰어주신 편집부 직원 여러분께도 감사를 드린다.

2000년 봄 저자

차 례

제1부 팔자란 무엇인가

제4부 행 · 불행은 팔자소관이 아니다

<h1 style="text-align:center">제6부 팔자고치기 심이요법</h1>

팔자란 무엇인가

팔자를 알면 행복이 보인다

어찌 우연이겠는가

사업실패를 비관한 60대 중소기업 사장이 아파트 옥상에서 뛰어내리다 지나가던 10대를 덮쳐 사장은 숨지고 10대는 죽다 살아난 일이 있다. 마산에서 자동차 부품 제조업체를 운영하던 김모(62)씨가 사업실패를 비관해 주차장으로 뛰어내린 것이다. 마른 하늘에 날벼락을 당한 중학생의 부모는 '사업실패를 비관해 자살한 사람의 딱한 사정을 놓고 나무랄 수도 없는 노릇'이라며 한숨만 쉬었다고 한다.

'옷깃만 스쳐도 인연'이라 했으니 필경 생사가 엇갈린 두 사람사이에는 보통 사람이 알 수 없는 숙세(宿世)의 인연이 있지 않았을까. 인연법에 따르면 한 동족, 한 마을에 태어나는 '인연'은 전생에 4천 겁(劫)의 세월을 함께한 과보라 한다.

우리가 인생을 영위하려면 이같은 불확실성이라는 어둠상자(Black Box)와 인간과 세계의 제약조건이라는 괴로움을 극복해야 할 것이다.

1991년 9월 어느 날, 서울의 관악경찰서 신림2동 파출소 앞에서 학생 데모 현장 옆을 지나가던 대학원생 한사람이 경찰관이 쏜 유탄에 맞아 사망한 일이 있었다. 죽은 이는 어려운 가정에서 태어나 아르바이트로 대학원 박사과정까지 올라온 근면·성실한 모범생이었다고 한다. 그가 유탄에 맞아 쓰러지는 순간 옆에는 결혼한 지 얼마 안 되는 부인도 같이 있었다. 기관총도 아닌 권총으로, 그것도 바로 옆이 아닌 100m나 떨어진 곳에서 하늘을 향해 쏜 공포탄이었다고 한다. 그 탄환이 어느 물체에 맞고 튕겨서 그의 왼쪽 가슴을 뚫고 심장을 관통한 것이다. 이 세상 그 무엇과도 바꿀 수 없는 소중한 목숨, 열심히 그리고 성실하게 노력하는 한 인생이 본인의 '아무런 잘못 없이' 간 것이다. 이것이 우연인가 운명인가?

우리는 이와 같은 작은 사고 한 두 가지를 놓고 이것이 어떤 필연성에 의한 운명인지, 아니면 단순한 우연인지를 단언하기 어렵다.

사람들은 앞서 대학원생과 같은 액운을 당하면 '난, 아무런 잘못도 없는데' 라며 억울해한다. 아니면 '전생에 무슨 죄를 지었길래' 하면서 원통해한다.

그러나 과거, 현재, 미래의 삼생을 일러주는 삼세인과법에 의하면, 금생에 요절하거나 불쌍한 죽음을 겪는 것은 전생에 살생을 했거나 여러 사람을 괴롭힌 과보라 한다. 단지 과학적으로 설명할 수 없다는 이유 하나만으로 사람의 생사를 우연이라는 말로 얼버무리는 것은 참으로 무책임한 인생관이 아닐까 싶다.

가난의 설움

'눈물 젖은 빵을 먹어보지 못한 사람과는 인생을 논하지 말라'고 했던가. 1990년대를 대변하는 비극이 하나 있다. 보증금 50만 원에 월세 9만 원짜리 단칸방. 이 작은 보금자리마저 비워 달라는 집주인의 말을 듣고 네 식구의 가장 엄승랑 씨는 눈앞이 캄캄했다. 삯바느질을 해온

부인은 목돈을 만들기 위해 재봉틀마저 팔았다. 그러나 이렇게 마련한 76만 원도 옮겨갈 방을 구하는 데는 어림도 없었다. 전세금을 마련할 길이 더 이상 없었다.

"나 혼자 세상을 떠나려 했으나, 이 각박한 세상에 남게 될 처자의 앞날이 너무 딱해서……."

엄씨는 이런 유서를 남기고 일가족 3명과 함께 세상을 버렸다. 김씨는 다섯 장에 달하는 유서와 함께 자신의 전재산인 100만 원을 머리맡에 남겨 놓았다.

"이 돈으로 우리를 화장해서 신혼여행지였던 부산 태종대 바닷가에 뿌려달라." (조선일보 90. 4. 12)

마지막 장례비용조차 남의 신세를 지려고 하지 않은, 가난했지만 착한 부부의 비극은 비록 그 규모는 작지만 그 느낌은 인생적(人生的)이다.

흔히, 가난하게 살거나 굶어 죽거나 남의 밑에서 사는 인생은 전생에 거지나 못사는 사람을 비웃거나 혹은 자기 부하나 짐승을 죽도록 괴롭힌 업보라고 한다. 이와 같이 '해도 해도' '죽어라 죽어라' 하는 듯이 꼬이는 인생들에게 들려 줄 얘기가 있다.

옛날 계라이라는 사나이가 그 아내와 둘이서 남에게 고용되어 가난한 생활을 하고 있었다. 어느 날, 그는 부자들이 이웃을 위해 큰돈을 내놓고 절에 큰 보시를 하는 것을 보며 곰곰이 생각하기를 '저 부자들은 전생에 복을 심었으므로 저러한 신분이 되었을 테지만 나는 타고난

복이 일천하므로 지금과 같은 심한 가난의 괴로움에 허덕이고 있다'고
하면서 자기도 모르게 눈물을 흘렸다. 아내가 수상히 여겨 그 까닭을
묻자, 그는 지금의 심정을 털어 놓았다. 그러자 아내는 말했다.

"울더라도 소용없습니다. 저를 종으로 팔아 재물을 얻어 그것으로
복을 심어 주십시오."

"당신의 몸을 판다면 어찌 나 혼자 살아갈 수가 있겠소."

"그렇다면 둘이 함께 몸을 팝시다."

마침내 그들은 부유한 집에 가서 부디 10금을 빌려 달라고 했다. 만
일 7일 안에 돌려드릴 수가 없다면 그들 부부를 종으로 삼아도 좋다는
약속을 하고 10금을 빌린 부부는 즉시 절에 가서 7일 후에 보시 법회
를 열 것을 부탁하고 두 사람은 힘을 합하여 밤을 낮삼아 방아를 찧었
다. 만일 그날까지 돌려줄 돈을 마련하지 못한다면 꼼짝없이 남의 집
종살이를 할 판이므로 부부는 몸이 부서지도록 일했다.

그런데 꼭 6일째 되는 날에 국왕이 절에 참배하고 그 이튿날에 법회
를 열고 싶다고 한다. 주지는 가난한 부부와의 선약을 말하고서 왕의
제의를 사양했다. 그러자 왕은 계라이를 불러 다음 낮에 법회 여는 것
을 자기에게 양보하라고 하자 그는 그간의 사정을 말했다. 이에 왕은
칭찬하며 말했다.

"참으로 흔히 있는 얘기가 아니다. 그대야말로 참으로 가난의 괴로
움을 뼈저리게 깨달았다고 하리라."

왕은 자신을 비롯해 부인의 의복과 칠보장식을 벗어 계라이 부부에
게 주고 다시 열 마을을 나누어 주었다.

하늘은 스스로 돕는 자를 돕는다고 했던가. 뜻이 있는 곳에 길이 있으려니 한 번 모든 걸 바쳐 한바탕 승부를 겨뤄볼 일이다.

"어떻게 할 것인가, 어떻게 할 것인가 하기만 하고 노력을 안하는 사람은 나도 또한 어떻게 할 수 없다."

공자의 충고다.

그래도 사는 인생

흔히 세상은 마음먹기에 달렸다고 하는데, 우리 사람이 먹는 마음에는 다음의 네 가지에 따라 그 인생이 풀려나간다고 하겠다.

첫째, 어두움에서 어두움으로 들어가는 사람이니 금생에 가난하여 찌들린 생활을 하며 잘못된 생각으로 나쁜 짓을 일삼다가 죽은 다음 다시 괴로운 세계로 들어가는 인생이고, 둘째, 어두운 데에서 밝은 데로 들어가는 사람이니 이 세상에서 가난하고 헐벗은 생활을 하나 깊은 신앙심에 의지하여 선행과 복을 쌓아 죽은 뒤에 괴로움이 없는 세계로 들어가는 인생이고, 셋째, 밝은 데서 어두운 데로 들어가는 사람이니 이 세상에서 권세와 부귀영화를 누리나 신심이 없고 마음이 비열하여 이웃에게 베풀 줄을 모르고 나쁜 짓만 일삼다가 죽은 뒤에 괴로운 세계로 들어가는 인생이고, 넷째, 밝은 데서 밝은 데로 들어가는 사람이니 이 세상에서 권세와 부귀영화를 누리고 살면서도 신심이 충만하여 이웃에게 베풀기를 좋아하고 깨끗한 행실을 쌓아 죽은 뒤에 고통이 없는 세계로 들어가는 인생이 그것이다.

여기서 우리는 운명을 개척하는 지혜를 알 수 있을 것이다. '운명개

척'의 공식은 너무도 간단하다. '오늘' 하기에 따라 '내일'이 결정된다는 것이다. '주홍글씨'라는 불후의 명작을 남긴 나다니엘 호손은 한때 세관원으로 일하다 면직된 적이 있었다. 크게 낙망하여 집에 돌아온 그는 아내에게 이 비참한 사실을 알렸다. 그러자 아내는 아무 말없이 펜과 잉크와 종이를 남편 앞에 갖다 놓더니 이렇게 말했다.

"이제 당신은 마음 놓고 글을 쓸 수 있게 되었어요."

이 한마디 아내의 격려에 호손은 용기 백배하여 심혈을 기울여 명작을 쓸 수 있었던 것이다. 그릇이 깨어졌을 때 긍정적이고 희망적인 사람은 그것을 도전의 신호로 보지만, 부정적이고 절망적인 사람은 그것을 포기의 신호로 받아들이기 쉽다. 사람의 운명이니 팔자니 하는 것도 다 그 자신의 마음과 생각에 따라 좌우된다는 것이다.

세기의 정복자 징기스칸이 원정 길에 올랐을 때의 일이다. 야전 막사에서 장군들과 함께 식사를 하는 도중 식탁의 다리가 부러지면서 난장판이 되었다. 출정을 앞둔 터라 이것을 흉조로 본 장군들은 출전을 단념하자는 의견을 제시했다. 그러나 징기스칸은 돌연 자신의 무릎을 탁 치면서 이렇게 외쳤다.

"여러분, 이제 더이상 야탁(야전 식탁)에서 식사하지 않게 되었습니다. 승리의 신호가 왔습니다. 자, 모두 진격합시다."

이렇게 해서 징기스칸은 대제국의 영광을 누릴 수 있었다.

내 마음대로 되는 인생

운수 좋은 날만 찾는 기사님

살다 보면 운이라는 것에 휘둘릴 때가 있다. 때로는 행운과 액운에 의하여 그야말로 한 사람의 운명이 뒤바뀌기도 한다. 하지만 '운의 법칙'은 우리가 어떻게 할 수 있는 게 아니다. 분명한 것은 행운이든 불운이든 그것이 눈먼 장님이 아니라는 점이다. 아마도 부지런한 사람을 찾아갈 것이다.

지난 6월말 아내와 함께 유럽을 다녀올 때 일이다. 김포공항에서 바로 분당 집으로 향하지 않고, 몸이 불편하신 아버님을 먼저 찾아뵙기로 했다. 택시 승강장에는 마침 많은 택시가 대기 중이었다. 그런데 목적지인 양천구 신월동으로 가자고 했더니 30세 가량된 운전기사의 안색이 금세 달라지는 게 아닌가. 그리곤 들으라는 듯 "3시간을 기다려서 1만 원짜리도 못 태우니 정말 재수없는 날이네"라고 중얼거렸다.

그때부터 우리는 운전기사 눈치만 살피며 목적지까지 가는 동안 불안하고 미안한 생각에 가슴을 졸여야 했다. 그런데 이런 미안한 마음은 요금을 지불하려는 순간 분노로 바뀌었다. 미터기 요금 3천5백 원에 조금 더하며 5천 원을 건넸더니 운전기사는 요금은 받지 않은 채 힐끔 쳐다보며 내뱉었다.

“1만 원을 주던가 아니면 그냥 가요. 오늘 하루 재수없어 일하지 않은 셈치지 뭐.”

순간 속이 치밀어 올랐다. 하지만 마음을 진정해 서로 좋게 헤어지자 하면서 요금을 앞좌석에 놓고 내렸다. 몇 발자국을 걸었을까. 차의 급발진 소리와 함께 운전기사의 고함소리가 들렸다.

“앞으로 이 정도의 거리는 택시 타지 말아요.”

얼마나 기가 막히던지 이것이 우리 나라의 관문 김포공항 주변의 모습인가? 만일 외국인이라면 어떻게 생각했을까. (1999. 9. 4. 조선일보)

승객이 얼마나 억울했으면 신문에 투고를 했을까. 그 운전기사도 얼마나 억울했으면 그랬을까. 그러나 운전사의 억울함은 전혀 동정의 여지가 없다. 영업을 하다 보면 길이 막힐 때도 있고 이런저런 승객이 탈 때도 있을 터인데 누굴 탓할 수 있겠는가.

우리가 인생을 살다 보면 운(運)이라는 신비로운 힘이 존재한다. 아무리 친한 친구, 아니 쌍둥이 자매일지라도 함께 청약한 아파트에 ‘나’만 안 되는 액운이 생기기도 한다.

우리가 사업을 하거나 삶을 살아감에 있어 이해할 수 없는 하늘의 뜻을 받아들여야 한다는 것은 괴로운 일이다. 하지만 ‘운’의 세계는 인간으로서는 불가항력적이다. 그래서 ‘진인사대천명(盡人事待天命)’이라 하지 않던가.

빌어먹을 팔자라니

중국 당(唐)나라에 배휴라는 사람이 있었다. 재상으로 출세도 했지만 마음공부도 많이 하여 스님들과의 일화도 많이 남긴 사람이다.

그는 태어날 때 쌍둥이로 등이 맞붙은 기형아였다. 기겁을 한 부모는 칼로 등을 갈라 약을 바르고 치료를 해서 키웠는데, 살점이 많이 붙은 쪽이 형이 되고 적게 붙은 쪽은 동생이 되었다. 둘의 이름을 형은 '도'로 동생은 '탁'이라 지었다. 휴(休)는 어릴 때 형인 배도의 장성한 후에 지은 이름이라 한다.

형제는 어려서 조실부모하여 외삼촌한테 몸을 의탁하게 되는데, 동생 배탁은 어디론지 가서 찾을 수가 없었다. 어느 날 일행선사라는 도력이 높은 스님이 와서 외삼촌과 말씀을 나누는데, 배휴가 지나다 문밖에서 두 사람의 얘기를 엿듣게 되었다.

"내가 보니 저 아이는 빌어먹을 팔자인데, 저 아이로 말미암아 세(三) 이웃이 가난해집니다. 저 아이가 빌어먹으려면 우선 이 집부터 망해야하니 애당초 그렇게 되기 전에 내보내시오."

이윽고 선사가 돌아가자, 배휴가 외삼촌에게 말했다.

"아까 일행선사님과의 말씀을 들었습니다. 내가 빌어먹으려면 일찍 빌어먹을 일이지 외삼촌까지 망해놓고 갈 게 뭐 있습니까. 지금부터 빌어먹으러 나가겠습니다."

깜짝 놀란 외삼촌의 만류를 뿌리친 배휴는 그 길로 거지가 되어 이집 저집 무전걸식을 하러 다녔다. 하루는 어느 절 목욕탕에 아주 귀중한 보배 보따리가 떨어져 있는 것을 발견했다. '이 귀한 보배를 누가 잃어버렸나' 하고 생각하며 덥썩 주어서 팔아먹지 않고 그 자리에 주저 앉아 주인 오기만을 기다리고 있었다.

보따리는 그 고을 자사한테 죽을 죄를 지은 삼대 독자의 것으로, 그 어머니가 아들의 구명을 위해 가산을 다 털어서 마련한 참으로 애절한 사연이 있는 물건이었다. 그런데 그 어머니가 목욕을 하고 행장을 수습하여 간다는 것이 워낙 바쁘게 서두르다 빼놓고 간 것이었다. 부인이 허둥지둥 절 목욕탕에 달려와 보니 웬 거지가 서 있길래 혹시나 하고 물으니 "내가 주워 챙겨 놓았는데 당신이 주인이면 가져 가시오." 하는 것이다. 부인은 감격하여 백배 치사를 하고 보배를 가지고 가서 삼대독자를 살렸다.

그후 배휴가 외가에 들르니 마침 일행선사가 배휴를 보더니 "얘야, 네가 정승이 되겠구나."하는 것이다. 배휴가 "아니, 스님이 언제는 내가 빌어 먹겠다고 하더니 오늘은 또 정승이 되겠다고 하니 거짓말 마시오."하니 스님은 "전날에는 너의 얼굴 관상을 본 것이고, 오늘은 너의 마음 상을 보았다. 그동안 무슨 일이 있었지?"하기에 배휴는 사람 하나 살린 얘기를 했다.

"음, 역시 그랬구나."

그 후 스님의 말대로 그는 영의정이 되었다. 또한 황벽선사를 만나 공부하여 도(道)를 깨쳤다. 배휴는 한 나라의 정승이 되고 보니 함께 등이 붙어 나온 동생 생각이 자꾸 났다. 그러나 동생을 찾아 도와주고 함께 지내려고 해도 찾을 길이 없었다.

하루는 배를 타고 황하를 건너는데 배휴가 뱃사공을 보니 웃옷을 벗어붙이고 노를 젓는데 등이 자기와 같았다.

"자네 이름이 무엇인가?"

"배탁이올시다."

반갑고도 놀란 배정승이 왜 자기를 찾아오지 않았느냐고 물었더니, "아, 형님은 형님 복에 정승이 되어 잘 먹고 잘 지내지만, 나는 형님 덕에 잘 지낼 것이 있습니까? 그래서 배를 하나 구해서 오는 사람 가는 사람 건네 주고 삽니다."하는 것이다.

배휴가 함께 가자고 해도 따라가지 않았는데, 넓은 산과 물을 벗 삼아 오가는 사람을 건네 주며 사는 것이 형님의 정승팔자보다 낫다고 믿는 것이다.

이로써 사람의 팔자는 그 마음쓰기와 노력하는 데 따라 쌍둥이도 운명이 달라짐을 짐작할 수 있겠다. 인과법에 따르면 전생에 약한 자를 도와주고 가난한 자를 불쌍히 여겨 적선하면 내생에 비단옷 입는 고관대작의 복을 받는다 했으니 배휴가 그런 사람이다.

남편복 자식복

여기 소위 팔자가 기구한 여인이 있다. 그녀는 덕망 높은 귀족의 외동딸로 태어났는데, 아름다운 여자로 성장하여 쉽게 결혼을 할 수 있었다. 곧 아기가 태어나고 한참 행복하던 차에 시부모가 함께 돌아가셨다. 다시 둘째아이의 출산이 가까워 친정으로 가는 도중 해산 기미가 보이자 커다란 나무밑에 자리를 준비했다. 아이 낳을 준비를 하며 도움 청할 사람을 찾았으나 아무도 없었다.

그녀가 산고를 느끼고 괴로워하고 있을 때 곁에 있던 남편이 독사에 물려 죽고 곧 이어 아이가 태어났다. 다음날 친정 가까이 있는 강 기슭에 도착해 두 아이와 함께 건널 수 없어 첫째 아이를 남겨두고 갓난아이를 안고 강을 건넜다. 그 사이 첫째 아이는 강을 건너려다 물살에 휩쓸려 떠내려가 버렸다. 떠내려가는 아이를 잡으려고 발버둥치는 사이 강기슭에 두고 온 갓난아이를 늑대가 잡아가고 말았다.

그녀의 슬픔은 이루 말할 수 없었다. 지친 몸과 마음을 이끌고 길을 가던 중 친구를 만나 아버지의 안부를 물었더니 화재로 집과 함께 타 죽었다는 것이었다. 이 기막힌 사건의 연속으로 그녀는 망연자실하여 초죽음이 되다시피 했다. 의지할 곳 없는 그녀를 자신의 집으로 네려 간 부친의 친구는 자기 자식과 같이 아끼며 보살펴 주었다.

다시 세월이 흘러 슬픔도 잊혀져 갈 무렵 한 청년으로부터 청혼이 들어와 재혼을 했다. 이윽고 그녀는 다시 임신을 해 출산할 때가 되었다. 그녀가 출산 진통에 시달리고 있을 때 술에 만취한 남편이 돌아와 문을 부수고 그녀를 때렸다. 급기야 술취한 남편은 갓난아이를 끓는 물에 빠뜨려 죽이고 말았다.

남편의 괴롭힘에 도저히 견딜 수 없던 여인은 남편이 잠든 틈을 타 집을 나왔다. 하염없이 길을 걸으며 자신의 신세를 한탄했다.

"나는 전생에 무슨 나쁜 짓을 했을까? 왜 이토록 가혹한 시련을 겪어야만 하는 것일까?"

결국 마음을 고쳐 먹은 그녀는 속세의 미련을 버리고 출가하여 스님이 되었다. 그리하여 모든 것을 한눈에 볼 수 있는 힘을 얻게 되어, 이 세상에서의 괴로움은 모두 자신이 과거의 세상에서 행한 과보임을 알았다. 자신의 전생을 훤하게 알게 된 그녀는 비로소 모든 의문을 풀고 마음의 평안을 찾게 되었다.

그녀는 전생에 한 장자의 아내였다.

아이를 낳지 못해 고민하던 중에 남편은 후처를 얻어 잘생긴 아이를 낳았다. 그녀는 이에 안절부절하며 잠든 갓난아이를 잔인하게 죽이고 말았다. 둘째 부인은 애통해하며 그녀를 의심했다.

첫째 부인은 펄펄 뛰며 아이를 죽인 사실을 부인했다.

"바보같은 소리 하지 말게. 아무렴 내가 그런 짓을 할 수 있겠는가. 참말로 내가 죽였다면 난 어떤 과보라도 받을 것이네. 설령 남편이 독사에게 물려 죽고 아이가 물에 빠져 죽고 늑대에게 잡혀 먹혀도, 그리고 친정 부모가 불에 타 죽는 일이 있어도 난 아이를 죽이지 않았네."

이 첫째 부인의 말대로 내생의 그녀는 자신이 지은 구업(口業)의 과보를 모두 받게 되었던 것이다.

3

탈옥수와 같은 운명

우리 사는 모습

탈옥수 신창원이 전국을 무대로 활동할 때는 집집마다 불안에 떨었다. 특히 경찰이 무서워서 벌벌 떨었다고 한다. 그들에게 신창원은 저승사자요, 임꺽정이었던 것이다. '제발 우리 관할에 나타나지 않았으면……' 하며 잡아서 출세하기보다 놓쳐서 문책당할 걱정이 앞섰을 것이다.

이처럼 쫓는 자나 쫓기는 자나 불안하기는 매한가지다. 죄짓고 감옥에 있는 죄수나 밖에서 자유롭게 사는 우리나 근심, 걱정으로 사는 점은 다를 바가 없다. 그래서 '창살없는 감옥'에서 사는 것과 같다고 한다.

어떤 사람이 한없이 넓은 벌판 길을 걸어가고 있는데 사방에서 불이 일어나 불 속에 갇히고 말았다. 이때 미친 코끼리 한 마리가 잡아먹을 듯이 사납게 덤벼드는 바람에 도망을 치다가 마침 큰 나무에 얽혀 있는 칡넝쿨을 잡고 매달려 있는데, 그 아래에는 크고 깊은 우물이 있고 우물 속에는 이무기 세 마리가 떨어지면 잡아 먹으려고 입을 벌리고 있고 우물가에는 네 마리의 독사가 도사리고 있었다. 칡넝쿨을 오래 붙잡고 매달려 있으니 힘이 빠져 곧 떨어질 터인데, 나무 위에서는 흰쥐와 검은쥐가 교대로 칡넝쿨을 갉아먹고 있다.

자, 지금 이 형편이 어떠한가. 자신의 경우라고 상상해 보시라.

우리가 이 세상을 살다 보면 온갖 고생을 하는데, 자식 걱정 돈 걱정 빚 걱정 따위가 이것과 상대가 될 것인가. 이 급박한 순간이지만 칡넝쿨이 얽혀 있는 나무의 벌집에서 꿀방울이 똑똑 떨어지고 있다. 괴롭고 두려운 가운데서도 사나이는 달콤한 꿀방울 받아먹는 재미에 잠시 무서움도 잊어버리고 생명의 줄을 붙잡고 버티고 있다.

경전에 나오는 안수정등(岸樹井藤) 고사로 우리 사는 인생의 모습을 상징적으로 보여주고 있다. 가없이 넓은 들판은 태어나서 죽어가는 고해(苦海)라는 바다이며, 사방에서 타들어 오는 불길은 욕망의 불로서 생로병사를 뜻한다. 우물은 황천, 미친 코끼리는 무상한 살귀(殺鬼)요, 나무는 사람의 몸이며 칡넝쿨은 사람의 목숨이다. 그리고 검은쥐 흰쥐는 해와 달이요, 세 마리의 못된 이무기는 탐·진·치의 삼독이며, 네 마리의 뱀은 지수화풍(地水火風)이라는 몸이며, 꿀은 오욕락(五慾樂: 재물욕·색욕·음식욕·수명욕·명예욕)이다.

이것이 인생인데, 세상 사람들은 헛똑똑하여 눈앞의 사소한 일을 가지고 다투며 추악하고 괴로움 속의 생활에 바빠 하루하루 날이 밝고 밤을 샌다.

부부는 일심동체인가

어느 마을에 네 명의 아내를 거느린 팔자 좋은 사람이 있었다.

첫째 부인은 남편이 가장 아껴서 일을 할 때나 쉴 때나 잠시도 떨어지고 싶지 않은 사랑스런 아내였다. 그리고 둘째 아내는 어렵게 얻은 여자로 늘 즐겁게 지내지만 첫째 부인만큼 사랑스럽지는 못했다. 셋째 부인은 이따금씩 관계하는 사이였고, 넷째 부인은 거의 하녀와 다름없이 생각하는 존재였다.

어느 날 남편이 외국 여행을 떠나게 되었다. 그는 떠나기에 앞서 가장 아끼고 사랑하는 첫째 부인을 불러서 물었다. '내가 먼 나라로 여행을 떠나야 하는데 나와 같이 가겠는가?' 고 물으니 '아무리 저를 사랑한다고 하나 저는 당신과 함께 갈 수가 없습니다' 한다. 남편은 첫째 부인의 무정함을 원망하면서 둘째 부인에게 같이 떠나기를 부탁했다. '나는 당신을 얻기 위해 갖은 고생을 다했고 굶주림이나 갈증을 참으면서 당신을 차지하려고 애썼소. 나와 함께 여행 가지 않겠소?' 하니, '그것은 당신이 스스로 좋아한 것이지 제가 원한 것이 아닙니다. 내가 왜 그 먼곳까지 따라다니며 고생을 하겠습니까?' 하며 거절을 했다.

둘째 부인에게도 거절당하자 크게 실망한 남편은 다시 셋째 부인에게 기대를 걸고 물었다. '당신의 은혜를 입었으니 성 밖까지는 배웅해 드릴 수 있으나 외국까지 동행하기는 싫습니다' 하며 역시 거절했다. 셋째 부인의 무정함을 탓하며 남편은 거의 체념한 상태로 넷째 부인에게 '이 나라를 떠나서 외국에 가지 않으면 안 되겠는데, 부인께서 나와 함께 갈 수 있겠소?' 하니 넷째 아내가 고개를 끄덕이면서 말했다.

"저는 부모의 슬하를 떠나서 당신을 섬기는 몸입니다. 슬플 때나 기쁠 때나 당신 곁을 떠나지 않고 당신이 가시는 곳이면 어디든지 함께 따라가겠습니다."

그래서 남편은 늘 사랑했던 세 아내와는 동행을 못하고 마음에도 없는 넷째 부인과 먼 여행을 떠나게 되었다.

경전에 나오는 얘기인데, 첫째 부인은 인간의 육신을 뜻한다. 육체를 사랑하는 것은 첫째 부인만을 사랑하는 남편과 같아서 먹이고 입히고 쓰다듬고 가꾸나, 생명이 다하여 죽으면 영혼은 현세의 죄와 복을 뒤에 두고 혼자 쓸쓸히 떠나야 한다. 육체는 세상에 쓰러져 함께 가려 하지 않는다는 뜻이다. 둘째 부인은 인간의 재산이다. 갖은 고생을 해서 모은 재산일지라도 죽으면 가져갈 수 없다는 얘기다. 셋째 부인은 부모, 처자, 형제, 친척, 친구, 고용인 등을 뜻하는데 생전에는 서로 사랑하고 아끼고 잊지 말고 지내자는 사이지만 세상을 떠나면 슬피 울며 묘까지는 따라갈 수 있으나 죽은 자를 땅 속에 묻고 나면 제각각 집으로 돌아간다. 그리고 이내 죽은 사람은 잊어버리고 자기 살아갈 길에 몰두하며 살아가게 된다. 마지막 넷째 부인은 인간의 마음을 뜻한다. 모두들 '내 맘이다' 하면서도 자기의 마음을 사랑하고 찾아 보려고 애쓰는 사람은 많지 않다.

우주의 중심은 '나' 요, 나의 근본은 '마음' 인데, 오히려 마음을 종 부리듯 하다 저 남편과 같이 허송세월한 인생이 되고 마는 것이다.

죽은 자식 살리는 법

전에 경기도 화성의 한 청소년 수련원에서 불이 나 유치원생 등 아까운 생명들이 많이 죽었다. 개중에는 쌍둥이 자매도 끼어 있었는데, 어떤 이는 '쌍둥이니까 저승길도 함께 가는 운명인가' 하며 인생의 무상(無常)을 들먹인다.

여기 교답미라는 한 여인이 있다. 그녀는 가난한 집 딸로서 비쩍 말라 있기 때문에 사람들이 '여원 교답미' 라는 뜻으로 이름을 길사교답미라 불렀다. 이 교답미 여인은 전세의 선근에 의해 복이 많았다. 과연 유명한 부자이지만 인색하기로 이름난 어떤 부자에게 우연한 기회에 눈에 띄어 그 집 장남의 아내가 되었다.

그녀가 결혼을 하게 된 계기는 그 부자가 어느 날 소중히 간직하던 황금덩어리를 살펴보았더니 어느 틈엔가 모두 숯덩어리로 변해 있었는데 '이것은 오로지 나에게 복운이 없는 것이리라' 하며 상심했다. 그러면서도 '만일 이 숯을 복운이 많은 사람이 봐 주면 혹시 원래의 황금으로 돌아갈지 모른다' 는 미련에 체념하면서도 집착하는 생각으로 그 숯덩어리를 근처 저잣거리에 버려 두었다.

그러던 어느 날 그 앞을 지나가던 사람이 교답미였는데, 보잘것없는 광주리에 가득 담긴 황금이 보이자 자기도 모르게 "어머, 이렇게 많은 황금이!" 하고 중얼거렸다. 이를 숨어서 보고 있던 부자는 기쁜 나머지 춤추며 나와 보니 과연 숯이 원래의 황금으로 변해 번쩍번쩍 빛나고 있었다. 부자는 한편 놀라고 한편 그 여자의 복운이 탐나서 억지로 청하여 장남의 아내로 삼기에 이르렀던 것이다.

이런 기연으로 하룻밤 사이에 부자의 아내가 된 그녀는 남편으로부터 사랑받고 며느리로도 인정받으며 행복하게 사는 사이, 귀여운 자식도 생겨 가정은 즐거움을 더하게 되었다. 그러나 이러한 운 좋은 가정에도 언제나 행운의 바람만이 불어오지는 않았다. 귀여운 아이가 겨우 걸음마를 하게 될 무렵, 우연한 병으로 인해 끝내 돌아오지 못할 저승길에 빼앗기고 말았다.

그 여자의 비탄은 이루 말할 수가 없었다. 죽은 자식의 싸늘한 시체를 가슴에 부여안고 울부짖다 종내에는 집사람들의 방심을 틈타 집 밖으로 뛰쳐나가 길가는 사람을 붙잡고 귀여운 갓난애를 살릴 길이 없겠느냐고 묻는 것이었다.

그 여자는 이미 제정신이 아니었다. 사람들은 가엾다고 생각은 하지만 이미 숨이 끊어진 사람을 소생케 할 방법이 없었으므로, 다만 동정의 시선만 보내며 안타까워할 뿐이었다.

그러던 어느 날, 한 신자가 마침내 보다 못하여 그녀를 불러세우고 이렇게 말했다.

"그 아이의 병은 무거워 세상 그 어떤 의사도 어림없다. 다만 한 사람만이 그 병을 고칠 수 있다. 그분은 저 절에 계시는 석가모니시다."

이 말에, 벌써 죽은 아이를 살리기나 한 듯이 여인은 단숨에 달려가 세존을 만나 자식의 병을 고쳐 다시 살려달라고 애원을 했다.

그러자 세존이 말했다.

"여인이여, 이 아이의 병은 고치기 쉽다. 겨자씨를 대여섯 알 먹이면 된다. 급히 거리로 나가 구해 가지고 오너라. 다만 그 겨자씨는 아직 한 번도 장례식을 치른 적이 없는 집, 사람이 죽은 적이 없는 집에서 구해오지 않으면 안 된다."

그 여자는 너무도 쉬운 처방에 급히 거리로 달려나가 집집마다 찾아다니며 겨자씨를 구걸했다. 그렇지만 이상한 일은, 도움을 청하자 겨자씨를 주지 않는 집은 단 한 집도 없었지만 죽은 사람이 없는 집은 단 한 집도 없었다. 그 여자는 실망했지만 점점 이상한 생각이 들었다.

'사람은 태어나서 죽지 않은 자는 없다. 사별의 슬픔이 찾아오지 않는 집은 없다. 사랑스런 아내, 귀여운 내 자식, 소중한 부모, 의지가 되는 남편, 어느 곳이라도 인간 세상의 비애는 끊이지를 않는다. 그리하여 끝내는 그 무상을 내가 받지 않으면 안 된다.'

그 여자는 전신에 소름이 돋는 듯한 전율을 느꼈다. 이미 겨자씨를 구걸하는 어리석음을 계속할 용기는 사라졌다.

여인은 며칠을 품고 있던 사랑하는 자식의 시체를 땅에 묻고서야 세존의 방편으로 악몽에서 깨어날 수 있었다.

4

사람팔자 시간문제

남의 자식 기르는 팔자

어렸을 때 조실부모하거나 고아가 되는 것은 전생에 부모에게 불효하거나 어른을 업신여긴 때문이라 한다. 어쨌든 부모 자식간의 인연은 깊고 깊어 전생에 1만 겁의 세월을 함께 보낸 때문이라 한다. 1겁이 4억 3천 2백만 년이니까 그 얼마나 깊은 인연인지는 짐작이 갈 것이다.

어느 가난한 부부가 있었는데 대를 이을 아들을 낳았다. 그러나 아기에게 먹일 것이 없어 굶겨 죽이게 될 판이라 서로 의논하여 사람이 많이 다니는 큰 길에 내다 버리기로 했다. 아기는 자기를 버리는 줄도 모르고 방실거리며 웃기만 한다. 다행히도 큰 부잣집 양반이 이 아이를 얻어 키우게 되었다.

그런데 이 양반 부부는 아예 자식을 단념하고 살았는데 아내가 느닷없이 임신을 했다. 양반은 장차 태어날 자기의 아이를 생각하며 주워온 아이를 한밤중에 누더기에 싸서 남의 집 헛간에 버렸다. 마침 그곳은 염소우리였는데 신기하게도 염소들이 매일 그 아이에게 젖꼭지를 물리는 것이었다. 염소치는 사람이 이 이상한 광경을 보고 아이를 안아다 염소젖으로 키웠다. 이 소문을 들은 양반은 자신의 잘못을 뉘우치고 다시 아이를 데려다 키웠다.

달이 차서 양반의 아내는 건강한 사내아이를 낳았다. 아이가 무럭무

력 건강하게 자라자 양반은 아들에게 큰 기대를 걸며 또다시 주워온 아이가 귀찮아 다시 내다버렸다.

이 아이는 지나가는 상인의 손을 거쳐 한 노파의 품에 안기게 되었다. 이 사실이 양반의 귀에 들어가게 되었다.

'아이를 내다 버릴 때마다 양이나 소가 아이를 보호해 주고 또 인자한 사람들이 아이를 데려다 키우겠다고 하니 그 아이는 분명 보통아이가 아닐 것이다. 그런 귀한 아이를 몇 번씩이나 배반하다니……'

이렇게 깊이 반성한 양반은 거금을 노파에게 주고 다시 아이를 찾아와 자기의 아이와 함께 키웠다.

아이가 점점 크면서 양부모는 아이가 자기를 두 번이나 버린 사실을 알고 나중에 보복을 하지 않을까 해서 두려움에 떨며 나날을 보냈다. 결국 대장장이의 손을 빌어 아이를 아무도 모르게 죽이기로 했다.

양부는 곧 아이를 불러 대장간에 가서 연장을 사오라고 심부름을 시켰는데 도중에 동생이 아이들과 싸우다 말고 형을 보자 기뻐하며 도움을 청했다. 형은 동생을 대신 대장간에 보내고 동네 아이들을 혼내 주었다. 형과 동생의 운명은 순식간에 바뀌어 아무것도 모르는 대장장이는 동생을 불 속에 던졌다. 이 사실을 알고 놀란 양부는 화병에 걸려 몸져 누웠다.

양부의 거듭된 계획은 다 실패로 끝나고, 건강하게 자란 청년은 양부의 친구 딸과 결혼하여 행복하게 살게 되니 양부도 양자의 질긴 운명에 그만 모든 걸 단념하고 말았다.

귀가 밝은 스님

　여기는 일요정기법회가 열리고 있는 소림사 경내, 달마대사가 육신통(六神通)에 대해서 설법을 하고 있었다.

　"하나는 신족통(神足通)이니 몸을 맘대로 나투어 세상 어디든지 걸림없이 다니며, 둘은 천안통(天眼通)이니 육안으로 볼 수 없는 것을 능히 볼 수 있으며, 셋은 천이통(天耳通)이니 보통 귀로는 듣지 못하는 소리를 능히 들을 수 있고, 넷은 …"

　갑자기 가려운지 대사가 손가락으로 귀를 후볐다. 이때 주방장 아줌마가 자리에서 일어나더니 합장을 하고 질문을 했다.

　"스님, 천이통이 세상의 그 무슨 소리도 다 들을 수 있다면 '깁밥 옆구리 터지는 소리'도 들을 수 있으며, '만두 속 터지는 소리'도 들을 수 있습니까?"

　그러자 대사가 대답했다.

　"왜 못 듣겠소."

　"그럼, 어느 소리가 더 큽니까?"

　"그야, 만두 속 터지는 소리가 아니겠소."

　"어째서 그렇습니까?"

　대사는 만면에 미소를 머금고 천천히 말했다.

　"생각해 보시오. '김 새는 소리'보다 '피(皮) 터지는 소리'가 더 시끄러운 법 아니오."

　그러자 아줌마도 손가락으로 귀를 후볐다.

팔자는 돌고 돈다

잘먹고 잘사는 사람들

요즘 우리들 사는 세상을 가리켜 말법시대(末法時代)라 하는데, 사람의 마음이 물들고 나아가 산도 강도 자연도 모두 오염되어 타락되어 가는 것을 두고 하는 말일 것이다.

여기 어떤 열받은(?) 가톨릭 신자가 자기가 다니는 성당의 신부에게 보낸 재미있는 사연을 소개하겠다.

신부님!

이렇게 말씀드려도 되는 건지 잘 모르겠습니다.

차마 무어라 말씀드릴 수가 없습니다만 하도 답답해 말씀드리는 것입니다. 제 믿음을 탓하지 마시고 들어 주십시오.

신부님! 성당 건너편 뒷골목에 ○○갈비집 아시죠? 성당에 나오지도 않을 뿐더러 교무금이나 신축금은 물론 성당이나 구역에 협조하는 일이 없는 냉담자 중의 골수(?) 냉담자인데 갈비집을 개업한 지 5년도 안 되었는데 왜 장사는 그렇게 잘되는 겁니까?

'하느님은 잘 아실텐데……'

그뿐인 줄 아십니까? 갈비집은 남편이 하는 것이고 부인은 버스 터미널 앞에서 24시간 해장국집을 하는데 말도 못할 지경이랍니다. 새벽

손님들을 위한 해장국집인데도 점심 시간에는 20~30분 정도 기다려야 한답니다. 해장국집 해서 5층 빌딩을 샀다고 하면 믿으시겠습니까? 오로지 돈, 돈 하며 집에도 안 들어가고 가게 구석방에서 돈 세기 바쁘답니다. 태중(아기 때 세례받음) 교우인데도 남편보다 더 하답니다.

가게 축성(개업미사) 때 모신 십자가는 아예 떼버리고 그 자리에 복주머니를 달아놓았다고 합니다. 하느님께 인색하기 이를 데 없는 냉담자임을 하느님은 잘 아실텐데…….

신부님은 잘 모르시겠습니다만, 큰 아들은 뭐하는지나 아십니까? 말씀드리기 뭣합니다만, 서울에서 으리으리한 술집을 한답니다. 복 터졌다고 합니다. 얼마나 장사가 잘 되는지 한 달에 한 두 번 정도 집에 내려오는데 버스(?)만한 시커먼 자가용을 타고 온답니다. 조당자(혼인 장래자로 세례받아 놓고 세속대로 결혼식을 치렀다는 의미인 듯)에다 냉담자인걸 하느님은 아실텐데…….

'악한 자들은 모조리 죽여 버리고 제때에 도조를 바칠 다른 소작인들에게 포도원을 맡길 것이다'라고 하신 말씀을 어떻게 받아들여야 하겠습니까? 신부님!

성당에서 가르치는 대로 열심히 기도하며 봉사활동을 하고 성의껏 헌금이나 교무금, 신축금이나 후원금을 제때에 내는 교우치고 떵떵거리며 살기는커녕 대체적으로 가난하고, 권력이나 지위도 없이 그럭저럭 간신히 살아가는데 이런 점은 어떻게 받아들여야 하겠습니까? 신부님!

나는 사연을 읽어 내려가면서 이 식상한 질문(?)에 신부님이 어떤 답변을 제시할 것인가 궁금했다.

'그들은 하느님의 나라를 빼앗길 것이며, 도조를 잘 내는 백성이 그 나라(하느님 나라)를 차지할 것이다.' (마태 21:43) 라고 하신 말씀을 천천히 세 번만 읽어보시면 답을 얻을 것입니다. 하느님의 나라를 빼앗길 것인가? 아니면 차지할 것인가?

글쎄, 하느님의 나라(극락)가 마음밖에 있으면 빼앗길 것이요, 마음 안에 있으면 차지할 것인데…….

인간만사 새옹지마

새옹지마(塞翁之馬)라는 말이 있는데 인생의 길흉화복이 항상 변화가 많아 범부로서는 예측하기 어렵다는 뜻이다. 중국 북방의 어느 외진 곳에 점술이 능한 노인이 살고 있었다.

어느 날, 기르고 있던 말이 먼 곳으로 달아나 버렸다.

이웃사람들이 이 소문을 듣고 노인을 찾아와 위로했다. 그러나 노인은 조금도 손해 보았다는 기색이 없이 말하기를 "이것이 어찌 복이 되지 않는다고 할 수 있겠는가." 했다.

과연 몇 달이 지나자 그 말은 새끼를 달고 돌아왔다. 동네 사람들이 노인을 축하했다. 그러자 노인은 "이것이 어찌 액운이 되지 않는다고 할 수 있겠는가." 하며 노인은 담담해 했다.

몇 달이 지나 그 망아지를 타던 아들이 떨어져 불구자가 되었다. 동네 사람들이 노인을 찾아와 위로했다. 그러나 노인은 담담할 뿐이었다.

일 년이 지난 후 오랑케들이 노인이 살고 있는 성으로 쳐들어왔다. 이 바람에 마을 젊은이들은 모두 싸움터로 나가 싸우다가 죽은 사람들이 많았다. 그러나 노인의 아들은 불구자였기 때문에 전쟁에 나가지 않아 목숨을 부지할 수 있었다. 신체 일부의 장애가 노인 부자에게는 전화위복(轉禍爲福)이 된 것이다.

우리가 살다 보면 이런 일을 흔히 겪게 되는데 그렇다고 그때마다 저 중늙은이처럼 식물인간(?)같이 산다면 그것도 너무 멋대가리가 없어 보인다. 기쁠 땐 기뻐하고 슬플 땐 슬퍼하며 이웃과 더불어 나누며 사는 것도 괜찮을 것이다.

6
운명의 쇠사슬은 질기다

미워할수록 만나는 인연

사주 팔자라는 말을 좋아하는 이들을 위해 불교식 사주 팔자를 생각해 보겠다.

태어나는 괴로움, 늙는 괴로움, 병든 괴로움 그리고 죽는 괴로움을 생로병사(生老病死)라는 사고(四苦)에 더하여 사랑하는 사람과 헤어져야 하는 애별리고(愛別離苦), 원망하고 미워하는 사람과 만나는 원증회고(怨憎會苦), 원하는 것을 얻지 못하는 구부득고(求不得苦) 그리고 넘치는 혈기를 발산하지 못하며 괴로운 오음성고(五陰盛苦)를 합하여 팔고(八苦)이니 이것이 불교식 사주팔자가 아닐까 한다.

언젠가 신문에서 재미있는 기사를 읽었다. 김영삼 전 대통령 부자(父子)가 김대중 대통령과 동명이인(同名異人)인 세 사람이 교통사고와 관련되어 경찰서에서 '3자 대면'을 했다는 것이다.

작년 여름 서울 남대문 경찰서는 덕수궁 앞에서 김현철이라는 30대 회사원이 몰던 다마스 승합차가 고장이 나 정차되어 있던 김대중(20대 회사원)씨의 에스페로 승용차를 들이받았다고 했다. 참으로 우연한 일인데 더욱 가관인 것은 그 사건을 맡은 사람이 김영삼 순경이었다는 점이다.

게다가 이 우연한 사고에 연류된 세 사람은 한자 이름도 유명인의 그것과 똑같다는 것이다. 이것은 거짓말도 아니고 장난도 아닌 것이 이 때문에 김현철 씨는 면허취소와 함께 불구속 기소가 됐으니 말이다.

그러나 이 기막힌 해프닝은 한 달 뒤 다시 연속된다. 역시 김영삼(金泳三) 전대통령과 이름이 한자까지 똑같은 경찰관이 김대중(金大中) 대통령의 서울 마포구 동교동에 있는 사저 경비를 담당하는 것으로 밝혀진 것이다. 마포 경찰서 소속 김영삼 순경은 하루 4~8시간씩 동교동 사저 정문과 후문 초소 등에서 경비 업무를 맡고 있다는데, 주민들은 '김영삼 순경처럼 YS도 갈등을 풀고 김대중 대통령과 합심해 나가길 바란다' 는 것이다.

인연법 계산대로라면 한 국토에 태어나 하루 동행을 하는 것은 전생에 오천겁의 인연이 쌓여 금생에 이루어진다는 것이다. 그러니 저들도 필경 뜻깊은 만남이 아닐까 싶다.

속담에 이르기를 '선에는 선과가 따르고 악에는 악과가 따른다. 받지 않은 것이 아니라 아직 그때가 오지 않았을 뿐이다' 라고 했는데 심어놓은 인연의 과보는 성인, 범부 그 누구도 피해갈 수 없다는 것이다.

일체 중생의 법은 검든지 희든지 선악에 따라 그 과보를 받아 오래 될지라도 반드시 그 결과에 이르나니 허공에 날든지 바다에 숨든지 산 속에 숨든지 하더라도 어찌 능히 내가 만든 숙업을 면하랴!　　　　　　　－ 석가모니 생각 －

뇌물을 줘도 안 통하는 이유

인과법(因果法)을 말해 주면 어떤 사람은 반신반의한다. '예수든 부처든 다 신통하고 전지전능하다면서 왜 나쁜 사람에게 벌을 내려 날마다 얌전하게 살지 못하게 하며, 착한 사람에게 복을 내려 날마다 더욱 착하게 살도록 하지 않는지 모르겠다'고 한다.

여기 스님들 법문에 자주 거론되는 일화가 있다.

몇십 년 전 전남 구례에 안철일이라는 사람이 있었다. 안씨는 직장을 얻고자 많은 재물을 그 고을 군수에게 갖다 바쳤다. 그러나 갖다 주고 또 주어도 그때마다 '다음에 보자'고만 한다. 안씨는 조바심이 나서 점점 돈의 액수를 키워 가면서 2~3년 동안 군수에게 갖은 뇌물을 갖다 바쳤다.

그러나 끝내 군수의 외면으로 가족들 볼 면목도 없고 해서 안씨는 죽을 작정으로 산에 올라가 나무에 목을 매려 했다. 그때 마침 근처를 지나던 스님에게 구제되어 구례 화엄사에 일꾼으로 지내게 되었다.

그러던 어느날 스님들 하는 말이 전남 장성 백양사에 가면 도를 통한 백학명스님이 있으니 한 번 찾아가 보라는 것이었다. 안씨는 자신의 억울한(?) 사연을 알고 싶어 그 스님을 찾아 지난 얘기를 자세히 말했더니 그 스님께서 그의 전생인과를 말해 주었다.

듣고 보니 안씨는 전생에 현재 군수의 삼촌이었다는 것이다. "생질의 빚을 갚음이로다." 하는 스님의 말에 안씨는 인과를 깨달아 모든 의문이 일시에 확 풀렸다. 전생에 안씨는 형님 아들을 자기 집에 부리면서 그 대가로 키우고 있는 송아지 한 마리를 주겠다고 약속을 했다. 그러나 안씨는 약속을 어기고 송아지를 팔아 자기가 가졌던 것이다.

　그로부터 한세상 살다 바뀌어 이 세상에 와서 전생의 조카군수를 만나 빚을 갚게 된 것이다.

　삼세인과법에 따르면 전생에 남을 해치면서 자기 이익만 도모하면 목매어 자살한다고 하는데 이 말이 꼭 맞는 것 같다.

7

그냥 사는 사람들

타고난 천성은 못 고친다?

시내에 나갈 때 지하철을 이용하는 경우가 많은데 어떤 역은 에스컬레이터가 설치되어 있어 편히 오르내릴 수 있어서 좋다. 그러나 유감인 것은 좌우 에스컬리이터 사이에 걸어다니는 계단을 이용하는 사람이 너무 적다는 점이다. 아주 짧고 경사도 느린 계단인데도 사람들 열 명에 한 두 명이 이용할 정도이고 나머지 사람들은 '그냥' 에스컬레이터를 이용하는 것이다.

날마다 출퇴근하거나 등하교하는 사람들이라면 꾸준히 계단을 오르내리면 상당한 운동이 되어 여학생들은 에어로빅이나 다이어트의 효과도 있을 텐데, 애도 어른도 깡마른 자도 뚱뚱한 자도 하나같이 '그냥' 에스컬리이터를 굳이 이용한다. 나는 이렇게 생각없이 습관적으로 사는 사람을 '그냥 사는 사람'이라 부르고 싶다.

사람은 평소 먹는 마음에 따라 생각과 행동과 운명이 바뀌고 행·불행이 바뀌기도 하는데 사람마다 마음의 역사가 하도 길고 깊어 보통의 노력으로는 고치기가 어렵다. 도(道) 닦는 게 다름아닌 마음닦는 것인 것만 봐도 알 수 있을 것이다.

부지런함의 대명사 격인 개미는 전생에 사람이었다고 한다. 그들은 농사를 지었는데 하도 욕심이 많아서 자기들의 노동으로 얻는 것만으로는 만족하지 않자 신(神)이 좋지 않게 생각해 그들을 모두 개미로 강등시켜 버렸다.

그런데 겉모습은 바뀌었으나 전생에 부리던 그 성질만은 여전했다. 그래서 오늘도 개미들은 밖으로 기어다니며 밀과 보리를 모으고, 또 과일나무에 올라 단것을 핥아 먹고 하는 것이다. 이토록 천성이 악하거나 나쁜 사람은 후천적인 교육으로도 바로잡기가 어렵다는 것이다.

다시 신(神)은 천사에게 당신이 만든 인간에게 이성을 불어넣도록 명했다. 천사는 인간 하나하나에게 똑같은 분량으로 이성을 불어넣기 시작했다. 그런데 몸집이 작은 사람에게는 그 분량이 충분하여 영리한 사람이 되었으나 몸집이 큰 사람에게는 그 분량이 부족했기 때문에 생각이 부족한 사람이 되고 말았다. 이로써 사람은 그 타고난 재주와 운명으로 살아간다는 것이다.

여자의 바람기

"만일 기회가 있고 비밀이 보장되고 또 적당한 구애자가 있으면 모든 여성들은 정사를 할 것이다. 적당한 딴 남자를 만나지 못하면 절름발이와도 그짓을 할 것이다."

"현자 마호사다의 아내 아마리아는 남편이 여행을 떠난 뒤 홀로 남아 외로이 지내고 있었으나 남편을 상왕처럼 생각하고 천금을 가지고 유혹해도 거절하며 나쁜 짓을 저지르지 않았다."

앞의 말은 석가의 말이고 뒤의 것은 속인의 말이다. 이에 대하여 나가세나 존자와 밀란다 왕이 나눈 얘기를 들어보도록 하자.

"존자여, 만약 나쁜 짓을 할 것이라는 말이 맞다면 앞의 말은 틀린 것입니다. 이 양도논법의 모순을 해결해 주십시오."

"대왕이여, 새존의 말씀과 아마리아 부인의 이야기는 둘다 틀림이 없습니다. 그러나 문제는 만일 그 부인에게 기회가 주어지고 비밀이 보장되고 또 적절한 남성이 있었다면 그녀는 천금을 받고 그 남성과 나쁜 짓을 저질렀을 것입니다. 그러나 사정을 숙고해 볼 때 아마리아 부인에게는 정사를 맺을 기회도, 비밀보장도, 또 그럴 만한 남성도 없었습니다. 그녀는 세상 사람들의 비난이 두렵고 저승에서 지옥고를 받을까 두려웠기 때문에 그런 기회를 갖지 못했습니다. 또 그녀는 나쁜 짓의 과보가 얼마나 혹독한지 알았으며 사랑하는 남편을 놓치고 싶지 않았고 남편을 존경했고 착한 일을 실천했고 저속한 생활을 경멸했고 자기의 정절을 깨뜨리고 싶지 않았습니다. 이런 모든 이유로 다른 남자와 정사를 가질 기회를 갖지 못했습니다.

또 그녀는 세상에서 그런 비밀이 보장될 수 없다는 확신을 갖고 있었기 때문에 나쁜 짓을 저지르지 않았습니다. 왜냐하면 설령 그녀가 정사를 세상 사람들에게 숨길 수 있다 하더라도 사람 아닌 것에게 감출 수 있다 하더라도 타심통(他心通)이 열린 수행자에게는 감출 수 없을 것이며, 설령 또 그런 수행자에게 비밀을 감출 수 있다 하더라도 남의 마음을 꿰뚫어보는 천신(天神)에게는 감출 수 없을 것입니다. 또 설령 그런 천신들에게 비밀을 숨길 수 있다 하더라도 자기 자신에게 자신의 죄악을 감출 수는 없는 것이며, 설령 자기조차 속일 수 있다 하더라도(가령, 정신을 잃은 상태) 악한 행위는 고통을 낳는다는 업의 법칙은 속일 수 없는 것입니다. 그런 여러 가지 이유로 그녀는 정사의 비밀을 보장할 수 없다고 확신했으므로 악업을 짓지 않은 것입니다. 또 그녀는 마음을 끄는 구애자를 발견하지 못했기 때문에 악업을 저지르지 않았습니다.

대왕이여, 아마리아 부인의 남편 마호사다 현자는 스물여덟 가지의 남성으로서 갖출 수 있는 모든 조건을 완비한 남성이었습니다. 이런 이유로 아마리아 부인이 간음을 하지 않은 것입니다. 또 그녀는 마음을 끄는 구애자를 발견하지 못했기 때문에 악업을 저지르지 않았습니다."

독자들 중에는 '왜 여성들의 성(性) 문제만 가지고 그러느냐. 성차별하는 거냐'며 반론을 제기하고픈 마음도 있을지 모르겠다. 남성의 경우는 속담 하나로 답변을 대신하겠다.

"사내는 문지방 넘어갈 기력만 있어도 바람을 필 생각을 한다."

다시 그리운 지겹던 시절

육체 노동을 경시하는 말로 '노가다 한다'는 표현을 쓰는가 보다. 실제로 공사판에서 일하는 일꾼들은 너무 힘들 땐 '놀고 먹는 팔자는 얼마나 좋을까' 하고 한번쯤 꿈을 꿀 지도 모르겠다.

이런 면에서 우리의 전업주부가 어제 하던 밥 오늘 또 짓고, 어제 하던 빨래 오늘 또 하고, 어제 하던 청소 오늘 또 한다며 지겨워하는 모습에서 시지프스의 한 모습을 보는 것 같다. 남자들도 어제 다니던 회사 오늘 또 다니고, 어제 하던 출근 오늘 또 하고, 어제 하던 일 오늘 또 한다며 지겨워하는 모습에서 시지프스의 한 모습을 보는 것 같다.

여기 재미있는 얘기가 있다.

똑같은 생활이 반복되는 직장 생활에 짜증을 느끼던 어떤 사람이 잠을 자다가 돌연 죽고 말았다.

죽은 지 며칠 후 눈을 떠보니 천국이었다. 그곳에는 바가지 긁는 아내도, 결재서류를 팽개치는 부장도 없었다. 게다가 무슨 일이든 척척 해 주는 비서까지 옆에 있는 게 아닌가. 그 사람은 날마다 앉아서 먹고 노는 게 일이었다.

정말 신나는 일이었지만 한동안 시간이 흐르고 나니 그것도 슬슬 싫증이 났다.

"이봐! 비서, 내가 할 일을 자네가 다하니, 나는 뭔가? 나에게도 일거리를 주게."

"안 됩니다요. 여기서는 선생님이 원하시는 것은 무엇이든 다 드리지만 일하는 것만은 금지되어 있습니다요."

사나이는 화가 나서 소리를 질렀다.

"무슨 천국이 이래? 답답해서 살 수가 있나, 차라리 지옥이 낫겠다!"

그러자, 비서가 깜짝 놀라며 말했다.

"선생님, 뭔가 착각하고 계신 거 아닌가요? 바로 여기가 지옥입니다. 지옥."

8
왜 사냐고 묻거든

나는 왜 태어났는가?

불자(佛子)들은 해마다 4월 초파일이 되면 부처님 오신 날을 봉축하고 부처님이 사바세계에 오신 뜻을 생각한다. 마찬가지로 기독교인들은 12월 크리스마스가 되면 '기쁘다, 구주 오셨네' 하면서 아기 예수 탄생을 축하하고 기념하는 잔치를 벌인다.

그러면서도 사람들은 자기 생일 때는 그냥 선물이나 주고 받고 한상 거나하게 차려 먹으면 그것으로 끝이다. 생일날은 마냥 즐거운 것이기만 할까?

여기서 독자님들에게 '인생고시' 문제를 하나 내겠다. 제대로 사는 인생을 원하고 행복이 뭔지를 알고자 한다면 한번쯤 풀어보시기 바라는 바이다.

다음 가운데 맞는 것을 고르시오.

① 인간은 행복하기 위해 태어났다.

② 우리의 소원은 통일이다.

③ 인간은 효도를 하기 위해 태어났다.

④ 우리는 민족통일의 역사적 사명을 띠고 이 땅에 태어났다.

정답은 이 책을 조금씩 읽어 나가다 보면 저절로 아시게 될 것이다.

여기서는 일단 인도의 천지창조 신화에 대해 이야기하고 싶다.

우주는 원래 달걀 모양이었는데 그것이 둘로 깨져 반쪽은 하늘이 되고 다른 반쪽은 땅이 되었다. 달걀 표면에 금이 간 것은 시내나 강이 되고 흰자위는 바다를 이루고 노른자위는 지구의 중심핵이 되어 지구가 생겨나게 되었다 한다.

어느 날 신(神)은 매우 기분이 좋아 진흙으로 한 형상을 빚었다. 이것이 바로 인간의 모습이었다. 신은 그 만들어진 것을 대견하게 바라보더니 한 영(靈)을 불러서 그 형상 안으로 들어가게 했다. 명(命)을 받은 영은 어떻게 할지 몰라 몹시 망설였다. 그러나 신의 명령을 거역할 수 없어 신에게 "만일 당신께서 이 안에 영원히 넣어두지 않고 다시 밖으로 나오게 해 준다는 약속만 해 주신다면 기꺼이 들어가겠나이다."라고 애원했다. 신은 곧 그렇게 하겠다고 약속했다.

영이 그 형상 안에 들어가자마자 생기가 온몸에 넘치더니 살아 움직이기 시작하여 인간이 되었다고 한다. 영은 여러 가지 인생의 즐거움을 맛보았다. 몇 년이 지난 후 신은 육체로부터 영을 놓아주어야 할 시간임을 깨달았다. 신은 약속을 지켜야만 했다. 그래서 영이 싫어함에도 불구하고 몸 밖으로 쫓아내고 말았다.

이렇게 해서 인간에게는 삶[生]과 죽음[死]이 시작되었다고 한다.

가지 않은 길

노란 숲 속에 길이 두 갈래 갈라져 있었습니다.

안타깝게도 나그네라 오랫동안 서서

한 길이 덤불 속으로 꺾여 내려간 데까지

바라다 볼 수 있는 데까지 멀리 보았습니다.

(중략)

머-언 훗날에 나는 어디에선가.

한숨을 쉬며 이 이야기를 할 것입니다.

숲속에 두 갈래 길이 갈라져 있었다고,

나는 사람이 적게 간 길을 택했고,

그것으로 해서 모든 것이 달라졌다고.

미국의 시인 프로스트의 시 '가지 않은 길' 인데 지난 세월을 회상하며 아쉬움을 달래는 심정이 잘 느껴지는 작품인 것 같다.

여기, 인생을 생각하면서 '가지 않은 길' 에 대한 미련에서 벗어나고자 일생일대의 사건을 저지른 사람을 소개하겠다.

멀리 신라시대에 조신(調信)이라는 스님이 살았다. 세달사 스님으로 강릉 날리군에 있는 농장의 관리자로 파견을 나갔는데, 그곳에서 군수 김흔의 딸을 보고 반했다. 그때부터 날마다 낙산사 관세음 보살상 앞에 가서 만나게 해 달라고 수년 동안 무엄한(?) 기도를 드렸다.

그런데 그녀는 이미 결혼한 몸이었다.

자기의 소원이 이루어지지 못하게 된 것을 원망하며 법당 앞에서 울며 호소하다가 남이 저물고 지쳐서 스님은 깜박 졸았다. 그런데 뜻밖에 그녀가 나타나서 "스님을 뵈옵고 항상 그리워했으나 부모님의 명으로 할 수 없이 시집갔었는데, 이제 스님과 함께 살고 싶어 왔습니다." 라고 하는 것이다.

조신은 그녀를 데리고 사방으로 떠돌아다니면서 10년 동안 걸식하다가 강릉 해현령에서 15세 된 큰아들이 굶어 죽어 길가에 묻고, 우곡현에 가서 큰 길가에 오막살이 집을 짓고 머물렀다.

두 부부가 늙고 병들어 할 수 없이 10세 되는 딸이 밥을 빌러 다니다가 개에게 물려 돌아와 앞에 쓰러져 운다.

부부도 함께 부여안고 통곡하는데 아내가 눈물을 닦고 하는 말이, "내가 당신을 처음 만났을 때에는 나의 젊은 얼굴도 아름다웠는데 오십 년 동안 고락을 함께 하는 사이, 이제는 늙고 병들어 빌어먹기도 어렵고 자식들도 헐벗고 굶주려 이제 살 수 없습니다. 우리 부부가 함께 다니면서 고생하는 것보다는 차라리 각자 헤어져서 서로 갈 길을 찾는 것이 좋겠어요."라고 말하면서 헤어지자고 하는 것이다. 그래서 무능한 남편은 요즘으로 치면 '황혼 이혼'을 하여 부부가 아이를 둘씩 나누어 데리고 남남(男南) 북녀(北女)길을 떠나려 하는데, 문득 정신을 차려보니 하룻밤의 꿈이었다.

하룻밤 사이에 스님의 머리가 희고, 세상 생각이 다 스러져 관세음보살상 앞에 무수히 참회하고 해현령에 묻은 아이의 무덤을 파 보니 돌미륵상이 나왔다. 근처의 절에 모시고 돌아가서 관리 소임을 사퇴하고, 정토사를 짓고 정업(淨業)을 부지런히 닦으며 살았다고 한다.

제2부

팔자가 꼬인 사람들

1

가난은 보통일이 아니다

어느 세일즈맨의 죽음

흔히 팔자가 천박하고 비천하여 일생 궁핍하게 사는 사람은 전생에 선행을 안 하고 보시·적선을 안한 과보라 한다. 뿌린 복이 없으니 하는 얼마나 꼬이고 장애가 생길 것이다.

윌리 로만이라는 사나이는 원래 전원생활과 노동을 꿈꾸며 좋아하는 사람이다. 그러나 고생하지 않고 성공하겠다는 신념에서 세일즈맨이 된다. 30년 간 오직 세일즈맨으로 살아오면서 자기 직업을 자랑으로 삼고 성실하게 일하면 반드시 성공한다는 신념을 가지고 있었다. 그의 두 아들 비프와 해피에게도 자기의 신조를 불어넣으며 그들의 성공을 기대하기도 한다.

그러나 그의 기대는 여지없이 무너지고 자식들은 타락하기 시작한다. 그 자신도 오랜 세월을 근무한 직장에서 몰인정하게 해고당하게 되었다. 궁지에 몰린 그는 장남에게 보험금을 남겨줌으로써 자신의 위대함을 보여 주려고 매일 다투어 온 비프와 화해하던 날 밤에 자동차를 과속으로 달려 자살한다.

그의 장례식 날 아내 린다는 '집의 할부금 불입금도 끝나고 모든 것이 해결된 지금, 이 집에는 아무도 함께 살 사람이 없다'며 그의 무덤을 향해 울부짖으며 이야기하는 것으로 막을 내린다.

　한때 여배우 마릴린 몬로와 결혼하여 더 유명해진 미국의 극작가 아서 밀러의 희곡 '세일즈맨의 죽음'의 줄거리인데, 요즘 꼬인 팔자를 일시에 고치겠다고 위장 보험사고나 저지르고 보험사기나 일삼는 사람들이 혹시 이 연극을 보고 엉뚱한 생각들을 하게 된 것은 아닐까 하는 망상을 피워본다.

잔머리보다는 우직한 노력을

　가난하지만 고생만 하는 사람들, 막 살지만 잘 나가는 사람들, 나쁜 짓하고도 행세하며 사는 사람들이 많다. 그래서인지 이런 말도 들린다. '요즘에는 왜 보살이 안 나타나실까?', '하느님은 어디서 뭐하시는 거여.'

　여기 예수와 그의 제자 사이에 있었다는 기적유머(?)가 있다.

　하루는 예수가 제자들을 불러놓고 이렇게 말했다.

　"자, 오늘은 우리가 산에 올라가서 함께 말씀을 나누는 시간을 갖기로 하자. 모두들 준비하도록 하여라."

　제자들은 저마다 채비를 갖추고 바로 길을 떠나려고 했다. 그런데 갑자기 예수가 제자들을 불러 세우더니 길을 떠나기 전에 각자 돌을 하나씩 준비하라고 했다. 갑작스런 말에 제자들은 어리둥절하면서 머뭇거리고 있었다.

　얼마만한 크기의 돌을 주워야 할지 몰라 모두 망설이고 있을 때, 성질 급한 베드로는 "그래, 예수님이 다 쓰실 때가 있으니까 돌을 주워오라고 하셨을 거야. 기왕이면 큰 것이 좋겠지."하며 큰 것을 어깨에

메었다. 한편 잔머리가 능하고 의심많은 도마는 "도대체 왜 돌을 준비하라는 거야. 무엇에 쓰실 건지 알아야 줍든지 말든지 할 게 아냐! 할 수 없지 뭐. 차돌도 돌이니까 이걸 갖고 가자."하며 주머니에 자갈만한 차돌 하나를 얼른 집어 들었다.

그런데 필립과 유다는 좀처럼 돌을 주울 생각을 않고 있었다. 손익계산에 능하고 겉과 속이 다른 성격의 유다는 계산을 하고 있었다.

"돌이라. 돌이야 어디든 널려 있는 게 아닌가! 산 위에 가면 쌓인 게 돌일텐데 뭣하러 여기서부터 힘들게시리 갖고 올라간다는 말인가?"

그리고 한치의 오차도 싫어하여 정확하고 현실적인 성격의 필립은 돌을 주으러 가다가 다시 돌아와 스승에게 물었다.

"예수님, 얼마만한 돌을 주을까요?"

그러자 예수는 아무 말도 하지 않았다.

돌을 주으러 갔던 제자들이 모여들고 있었으므로 하는 수 없이 그냥 올라가게 되었다.

한참 오르다 보니 다리도 아프고 배도 고프기 시작했다. 이렇게 모두들 지쳐있을 때 예수가 말했다. "다들 이쪽으로 모여라. 여기서 잠깐 쉬었다 가자. 그런데 너희들 배가 고프지 않느냐?"는 말이 떨어지기가 무섭게 제자들은 저마다 배가 고프다고 배를 움켜쥐었다.

그러자 예수가 "그러면 우리 음식을 먹도록 하자. 자, 아까 너희들이 가져온 돌을 앞에 내어 놓아라."고 하더니 기도를 하는 것이다.

"아버지여, 배고픈 이들에게 양식을 베푸소서."

잠시 후 눈을 뜬 제자들은 깜짝 놀라고 말았다. 자기들이 가져온 돌

60

들이 떡으로 변해 있었기 때문이다.

지장보살은 지옥 중생을 모두 구제하겠다고 원을 세웠으며 예수도 수고하고 피곤한 자들의 짐을 대신 지겠다고 했다. 어찌 아직 제도하지 않은 수많은 중생을 잊어버렸으며 또한 몸을 나투지 않은 곳이 있을 것인가.

곰곰이 생각해 보면, 보살과 성인은 인연따라 중생을 제도하고 구제하시나 중생이 인연이 없으면 구제하지 못함을 알 수 있겠다. 복 받을 준비가 아니 된 사람에게 준비된 사람을 제치고 먼저 복을 내리시겠는가.

2

인과법은 피할 수 없다

자식이 잘 안 풀린다

세상에 어느 부모치고 자식 잘 안 되길 바라는 부모가 있을까만은, 부모 뜻과는 반대로 나가는 자식을 둔 가정은 행복할 수가 없다. 유달리 자식이 잘못되거나 속을 썩이는 것은 전생에 부모가 남에게 원한을 사거나 저주, 질투한 때문이라 한다.

아주 불심이 깊은 여인이 있었다. 그녀는 늘 관세음보살을 염송하며 공양 올리기를 지성으로 하며 열심히 살았다. 그런 그녀이지만 무슨 운명인지 사랑하는 자식을 세 번이나 잃는 아픔이 있다. 처음과 두 번째 태어난 자식은 두 살이 되자 죽었고, 세 번째는 태중의 자식으로 유산되어 버렸다. 여인이 이렇게 끔찍한 일을 거듭 당하는 아픔을 겪다 보니, 지극한 신심(信心)은 온데간데 없고 급기야는 관세음보살을 원망하는 마음까지 생겼다. '관세음보살이 계신다면 어찌하여 착한 나에게 이토록 심한 고통을 주실 수 있단 말인가? 내가 괜한 시간을 허비한 거야' 하며 신세를 한탄하며 울면서 지냈다.

그러던 어느 날, 한 노승이 울고 있는 그녀의 집 앞을 지나가다가 그녀의 신세 한탄을 듣게 되었다.

"어리석은 여인이여, 그렇게 슬퍼 애통해 하지 마시오."

여인이 화를 벌컥 내며 말했다.

"자식을 잃고 비통해 울고 있는 사람에게 위로의 말은 못해 줄망정 어리석은 여자라니요."

"그 죽은 자식은 당신의 자식으로 태어난 게 아니라 원수의 자식인 것이라오. 원수의 보복을 받은 것이오. 그러니 이렇게 울고불고 마음 아파하는 이 순간 그 원수는 춤을 추고 웃고 있는 것을 아셔야지요."

여인은 크게 놀라며 물었다.

"그 자식이 원수라니 그게 무슨 말씀이세요?"

"당신은 3생전에 사소한 일로 사람을 미워하여 독약을 먹여 죽인 전생전과가 있었소. 그래서 죽은 이가 삼세(三世) 원수의 귀신이 되어서 당신을 죽이려고 여러 가지 방법을 썼지만 실패했소. 그것을 당신이 지성으로 관세음보살님을 염송한 그 가피력으로 원귀가 뜻을 이루지 못하고 자기 스스로 죽고 만 거지요. 그러나 그 원귀는 당신을 괴롭히는 일이라도 하려고 이렇게 자식으로 태어나 일찍 죽어 당신의 마음을 아프게 한 것이지요."

스님의 말을 다 듣고 난 여인은 비로소 모든 의문이 풀리면서 오히려 불보살에게 감사하는 마음으로 한평생을 안락하고 행복하게 살 수 있었다.

집 나가는 아내 사연

홀아비로 궁색하게 사는 팔자는 전생에 처자식을 돌보지 않은 때문이라고 하고 한평생 독신을 못 면하고 혼자 사는 처녀·총각은 전생에 남의 아내나 남편이나 딸과 음행을 저지른 과보라고 한다.

그럼 '홧김에 서방질한다'고 하는데 전혀 화도 안 난 아내가 집을 나가는 까닭은 무엇일까?

옛날 한양에 허정승이란 선비가 살고 있었다. 그에게는 양귀비같이 예쁜 애첩 박씨가 있었는데, 무척이나 사랑하여 잠시 떨어져 있기를 싫어했다.

어느해 봄, 조정에서 정승 판서들이 모이는 어전회의가 열려 일 주일 동안 집을 비우게 되었다. 허정승은 애첩과 떨어져 지내기가 괴로웠지만 겨우 참고 회의가 끝나자마자 부리나케 집으로 돌아와 보니 기다리고 있을 줄 알았던 애첩 박씨가 간 곳이 없었다.

놀라 노비들에게 물어보니, "며칠 전에 웬 숯장사가 숯을 팔러 왔었는데, 둘이서 뭐라고 몇 마디 주고받더니 그 길로 집을 나가 다시는 돌아오지 않았습죠. 종적을 알려고 해도 알 수가 없어 대감마님께 알리려고 해도 어전회의 도중이라 알려드릴 수가 없었습니다."하는 것이다.

허정승은 벼슬이고 정승이고 다 치워버리고 오직 보고픈 애첩을 찾아야겠다는 마음뿐이었다.

사방으로 아무리 돌아다녀도 애첩의 행방은 묘연하기만 한데, 하루는 길에서 웬 이상한 사람을 만나 물어본즉 "저 멀리 산에 가면 한 이름 높은 수도승이 있는데 그 도승에게 물어 보면 알 수 있을 것이오."하는 것이다. 그의 말대로 수도승을 찾아가서 자기의 사정을 다 털어놓았더니, '마누라를 함께 하여 주소서' 하면서 일념으로 참선(參禪)을 하면 알 수 있다고 했다.

허정승이 오직 애첩 박씨를 찾겠다는 마음으로 오대산으로 들어가

참선을 한 지도 꼭 십 년이 되었다. 하지만 아직 애첩의 간 곳은 알 수가 없었다. "십 년 공부도 허사로구나." 하고 앉아 장탄식을 하고 있는데, 건너편에 웬 여자가 무엇을 머리에 이고 지나가는 모습이 틀림없는 애첩이었다. 허정승이 놀라 쫓아가는데 그만 돌부리에 발이 걸려 넘어지는 바람에 이마를 크게 다쳤다. 머리를 움켜지고 있다가 정신을 차리고 보니 상처는 없고 잔디밭에 피만 보였다. 이것이 꿈인가, 생시인가 하고 있다 찰나간에 도(道)를 깨달았다. 자신의 과거, 현재, 미래의 삼세사(三世事)가 훤하게 보였다.

허정승은 전생의 일곱 살 때 집이 가난하여 남의 집 머슴이었는데, 산에 나무하러 가서 몸에 이를 잡아 버린 적이 있었다. 그 이가 다시 산돼지 몸에 가 붙어 피를 빨아먹고 살다가 죽었다. 그런 인연이 다시 금생으로 이어져 산돼지는 물장사가 되고, 그때의 머슴은 일념으로 주인을 위해 열심히 일하고 선하게 산 공덕으로 정승이 되고 이는 여자의 몸을 받았던 것이다.

그리하여 잠깐 몸에 붙어 신세진 인연으로 금생에 허정승의 애첩이 되고, 버린 이가 산돼지 몸에 붙어 피를 빨아먹다가 죽은 인연으로 숯장사를 보니 저도 모르게 업력에 이끌려 따라가게 된 것이다. 그래서 어떤 스님은 농담삼아 "인생이란 인연 놀음이야." 하는가 보다.

여자가 한을 품으면

경전에 인간 세상에는 비명횡사하는 데 세 가지의 경우가 있다고 했다. 첫째는 병이 들어 낫지 않고 죽는 것이며, 둘째는 낫는다 해도 삼가하지 않는 것이며, 셋째는 욕심나는 대로 행동하는 것이다.

옛날 석가모니 부처님이 사는 동네에서 아주 괴이한 사고가 일어났다. 태어난 지 일 년도 안 된 송아지의 뿔에 받쳐 어떤 상인이 즉사를 한 것이다. 사람을 죽게 한 송아지를 기를 수는 없어 소 주인은 그 송아지를 팔아버리려고 시장에 내놓았다. 그러나 소문 때문인지 선뜻 사겠다고 나서는 사람이 없었다. 그런데 한 장사꾼이 와서 싸게 팔면 사겠다 하기에 소주인은 이때다 하고 주는 대로 돈을 받고 팔아버렸다.

송아지를 끌고 가던 장사꾼은 마침 목이 말라서 송아지를 길가에 매어 놓고 우물가로 갔다. 그가 물을 마시려는 찰나에 송아지가 갑자기 비호같이 달려와서 뿔로 받아 장사꾼을 죽이고 말았다.

장사꾼의 가족들은 그 송아지를 때려 죽인 다음 가죽을 벗기고 사지를 잘라서 팔았다. 그런데 고기를 사가는 사람은 있었으나 소머리를 사겠다는 사람은 없었다. 다행히도 마침 지나가는 한 상인이 그 소머리를 싸게 팔면 사겠다고 하여 얼른 넘겼다.

소머리를 산 상인은 새끼줄로 얽어서 등에 지고 가다가 피곤하여 소머리를 나뭇가지에 걸어 놓고는 그 밑에서 앉아 잠시 쉬고 있었다. 그때 갑자기 나뭇가지에 묶어 놓은 새끼줄이 풀리면서 소머리가 떨어져 쉬고 있던 사람의 머리를 치니 상인은 그 자리에서 죽고 말았다. 송아지 한 마리가 세 사람의 목숨을 빼앗은 셈이니 일대 괴사가 아니겠는가.

소문이 돌아 나라의 임금도 이를 괴이한 일이라 여겨 부처님을 만나 까닭을 물어보았다. 곧 모든 의문이 풀렸다. 송아지에 받쳐 죽은 세 상인은 전생에 한 패가 되어 시골로 돌아다니며 장사를 하던 장돌뱅이들이었다.

어느 날 그들은 장사를 다니다가 날이 저물어 여관도 주막도 없고 하여 한 노파의 집에 가서 '하룻밤만 재워 주시면 후한 사례를 할 터이니 허락해 달라'고 사정했다. 노파는 집도 비좁고 누추함을 핑계로 거절하다 용돈이라도 할 욕심으로 그들의 숙박을 허락했다. 노파는 그들에게 침구와 음식을 구해주며 정성껏 대접했다. 그들은 식사를 잘 대접받고 잠도 편안히 잘 수 있었다.

그런데 다음날 아침이 되자 돈을 내기 싫어진 그들은 노파가 안 보이는 사이 뺑소니를 쳤다. 이에 격분한 노파는 기를 쓰고 뒤따라가 그들의 행방을 찾아내어 세상에 이런 배은망덕한 경우가 어디 있느냐며 울분을 토했지만 그들은 늙은이라고 얕보고 이미 다 주었는데 무슨 망령이냐며 시치미를 뗐다. 분노에 사무친 노파는 그들에게 저주를 퍼부었다.

"이놈들아 잘 먹고 잘 살아라. 내 네놈들을 죽어도 용서하지 않으리라. 금생이 아니면 내생, 아니 내후생이라고 꼭 네놈들의 원수를 갚고야 말 것이다."

그 후 노파는 세상을 떠났으나 원한을 품고 죽었으므로 축생보를 받아 송아지로 환생하여 차례로 숙세의 원한을 갚았던 것이다.

3

윤회의 수레바퀴

임금도 못 말린 공주병

요즘은 아들이면 아들, 딸이면 딸 하나만 키우는 가정이 많아서인지 지 아이들 중에는 자기만 최고인 줄로 생각하는 이른바 '공주병' '왕자병'이 성행하고 있다. 이 유행병을 어떻게 하면 막을까하고 생각해 본 적이 있다. 예컨대 앞으로 부모들은 아이가 태어나면 곧 소크라테스 백신(?)을 예방접종함으로써 일생동안 이 고약한 병에 안 걸리도록 하는 게 어떨까 싶다. 그러면 자기 자신을 모르고 튀는 환자들은 안 보고 살 수 있지 않을까?

옛날 파사익 왕에게 선광이라는 총명하고 아름다운 딸이 있었다. 어느 날 부왕이 딸에게 농담 비슷한 말을 했다.

"네가 궁중의 모든 사람들에게 사랑받는 것은 모두가 내 덕택이다." 그러자 공주가 "아녜요, 그건 저의 타고난 업력(業力) 때문이에요."

이런 문답을 세 번이나 되풀이했지만 공주의 대답은 한결같았다. 왕은 은근히 화가 나서 "너에게 업의 힘이 있는지 없는지 어디 한 번 시험해 보자."하더니, 좌우에 있는 신하에게 명하여 성내(城內)에서 제일 가난한 거지 같은 사나이를 찾아오게 해서 그와 결혼을 하게 했다. "만일 너에게 업의 힘이 있어 내 덕을 보지 않았다면, 지금부터 그것을 증명해 봐라." 했다.

공주는 여전히 자기의 소신을 굽히지 않고 "제게는 업의 힘이 있으니 그건 문제없어요."하고 그 가난한 사나이와 함께 왕궁을 나와 버렸다.

사나이의 집은 원래 부자였는데 부모가 세상을 떠나자 폭삭 망하여 지금은 집도 울타리도 모두 무너져 버려 빈 터만 남아 있었다. 선광이 남편과 함께 전에 살던 집터에 가서 주위를 살피면서 여기저기 다니니 땅 속에 묻혀있던 금덩어리가 자연히 밖으로 나타났다. 부부는 그것으로 저택을 짓고 하인까지 두면서 으리으리하게 살 수 있었다.

왕은 어느 날 문득 시집간 딸이 생각나서 신하에게 소식을 알아보게 했더니 "듣건대 선광공주님은 저택이나 재산이 폐하 못지않다고 하옵니다." 한다.

왕은 궁금증을 참지 못하고 부처님을 만나 물었다.

"저의 딸은 전세에 어떤 복을 쌓았기에 지금처럼 잘 살게 되었습니까?"

그러니까 지금의 선광공주는 과거 91겁(劫) 전 비바시 부처님 당시에 반두라는 왕의 왕비로서 절에 칠보탑을 세운 공덕이 있었으며, 다시 가섭불 때에 지금의 남편과 부부로 가난한 가운데 가섭불과 그 제자에게 음식을 공양한 공덕으로 금생의 오늘과 같은 복을 누릴 수 있게 된 것이라고 했다.

비로소 파사익 왕은 모든 의문이 풀렸다.

매맞는 아내의 전생

최초의 아내는 신(神)이 주고, 두 번째의 아내는 사람이 주고, 세 번째의 아내는 악마가 준다는 말이 있다. 결혼은 해야 하는가 말아야 하는가. 그 어느 쪽을 택하든 그대는 후회할 것이라고 소크라테스는 말했지만 혹시 자기의 악처 크산티페한테 실망해서 한 말인지 모르겠다.

과거 충청도 옥천에 사는 김옥분 씨는 시집간 지 한 달도 못 되어 남편의 심한 폭력에 시달렸다. 몇 번이나 도망을 치려 했으나 괜찮아지겠지 기대하며 참고 또 참았지만 남편의 폭력은 여전했다. 한 7~8년 고생하며 살다 남편이 일 보러간 틈을 타서 집을 나왔는데, 자신의 팔자가 궁금하여 도통했다는 스님을 찾아가서 살아온 사정을 말했다.

그녀의 말이 끝나자 스님은 "당신들 부부는 전생에 말과 마부(馬夫)로서 말은 당신의 현재 남편이고 마부는 지금 당신이니 과거에 채찍으로 때린 만큼 벌매를 맞고 있다."는 것이다. 더욱이 그것도 부족해서 아직 맞을 매가 2년치나 남아 있다고 한다. 여인은 자신의 인과를 알고 참회하여 곧 집으로 돌아갔다. 까닭을 알고 매를 맞으니 하나도 화가 나지 않았다. 그로부터 남편은 신기하게도 때리는 데 싫증을 느꼈는지 폭력을 멈추고, 언제 그랬느냐는 듯 아내에게 잘해 주니 부부가 행복할 수 있었다.

결혼생활이란 하루하루 부부가 애써 쌓아 올려야 할 하나의 큰 사업과 같은 것이다. 애쓰지 않고 성공하는 사업이 없듯이 애쓰지 않고 행복한 가정을 이룰 수는 없지 않겠는가.

4

죄와 복은 붙어다닌다

사기만 당하는 사나이

사기꾼은 겉으로는 정직해 보이지만 내심은 흑심을 품고 있다. 그래서인지 범죄자들을 잡는 형사나 경찰관들은 사람 보기를 도둑놈 보듯 한다. 나도 답답할 때 지역방범 활동을 하며 경찰서 파출소에서 그들과 함께 몇 달 동안 생활한 적이 있었는데, 그들은 직업상 버릇인지 사람의 말을 잘 믿지 않는 것 같았다. 참으로 사람이란 그 먹는 '물'에 따라 직업에 따른 행동패턴이 정해지는 듯하다. 어쨌든 나는 '천하에 가보지 않아도 하나 서러워할 필요가 없는 게 경찰서 파출소 유치장이로구나' 하나만은 확실히 깨달았다.

옛날 나이 먹은 선비가 젊은 후처를 맞이했는데, 그녀는 남편을 싫어하여 딴 남자와 즐기려는 생각에서 남편에게 권하여 젊은 선비들의 모임을 열자고 했다. 그 남편은 아내를 의심하여 핑계를 내세워 그 모임을 연기시켰다.

하루는 전처의 아들이 잘못하여 불 속에 떨어졌지만 아내는 이를 구하려고도 하지 않았다. 남편이 그 이유를 물으니 "저는 딴 사내와는 닿기조차 싫습니다."라고 한다. 이에 늙은 선비는 마음이 움직여 연기했던 젊은 선비들의 모임을 열었다. 젊은 아내는 이 기회에 마음껏 즐거움에 잠길 수 있었다. 남편은 이런 낌새를 알고 괴로워했고 마침내 보물을 챙겨서 혼자 집을 나왔다. 도중에 한 선비를 만나 동행하여 숙박을 같이했다.

이튿날 그 집을 나와 한참을 걸어왔을 무렵, 동행한 선비가 생각난 듯 말하기를 "나는 지금까지 남의 물건을 티끌하나 취한 일이 없습니다. 그런데 이제 보니 어젯밤 숙소에서 풀잎이 내 의복에 묻어 있었습니다. 나는 이를 숙소 주인에게 돌려 주지 않으면 안 됩니다. 잠시 기다려 주십시오. 급히 돌아올 테니까." 하고서는 오던 길로 되돌아갔다.

늙은 선비는 이를 듣고 '이 사람이야말로 공경하고 모실 분'이라고 생각했다. 그러나 앞서의 선비는 길가에 있는 움막 속에 들어가 배를 깔고 쉬다 얼마쯤 뒤에 늙은 선비에게로 돌아왔다.

늙은 선비는 빨랫감을 씻기 위해 아무런 의심도 없이 갖고 있는 보물을 그에게 맡겼다. 보물은 그의 손에서 영원히 사라지고 말았다.

얼마쯤 그곳에 머물고 있으려니까 한 수도자가 찢어진 옷을 걸치고 "벌레들아, 위험하다, 위험하다."고 하면서 조용히 걸어왔다. 늙은 선비가 이상히 여기고서 그 까닭을 물었더니 "나는 무엇이고 딱해 견딜 수가 없다. 벌레들을 밟아 죽일까 걱정하여 이렇듯 조심스럽게 걷고 있는 것이다."라고 했다. 늙은 선비는 그 고상한 인격을 깊이 사모하고 그 뒤를 따라가 참된 도를 행하는 사람을 만난 기쁨에 잠겼다.

어느 날 한밤중에 들려오는 피리소리에 선비는 잠을 깼다. 놀라 괴이하게 여겨 소리를 따라가 보았더니 수도자가 젊은 여자를 희롱하고 있었다. 여자가 춤추면 남자는 피리를 불고 남자가 춤추면 여자는 노래를 불렀다. 늙은 선비의 마음은 얼음처럼 식어 버렸다.

"아아, 세상에 믿을 사람이 하나도 없구나."

적선 통장을 아십니까?

노후대책을 세워야 한다고 야단들이다. 연금보험도 든다하고 자식에게 유산을 남겨 주지 말고 '꼬불치고 있어라' 고 충고한다. 심지어 어떤 외국인은 '다 쓰고 죽자' 며 순진한 노인들을 부추긴다. 노후대책도 좋고 죽은 뒤에 천국 천당 가겠다고 예수 믿고 석가 믿는 사후대책(死後對策)도 좋다. 그러나 돈은 잃을 수 있고 어설픈 신앙심은 아만심만 키울 뿐 영원한 축복으로 연결되기 어렵다.

가장 확실하고 부도의 염려가 없는 것은 형편따라 인연따라 한 가지라도 선(善)을 실천하는 것이다. 나는 이것을 적선통장(積善通帳)이라 부르겠다.

이조 말엽에 정완용이라는 글만 읽던 청빈한 선비가 있었다. 그때에는 글을 읽어 과거에 급제해야 행세를 할 수 있었으니 오직 글만 읽었다.

하루는 내실 문을 열고 들어가니 부인이 무엇인가를 먹다가 무릎 밑에 황급히 감추었다. 서운한 정선비가 "여보, 우리가 부부로서 밥풀 하나라도 서로 갈라 먹어야 할 형편인데 그럴 수가 있소?"하며 처를 나무랐다. 묵묵히 듣고 있던 부인이 물끄러미 쳐다보더니 "당신 나에게 무얼 먹으라고 주었소? 아무것도 주지 않고 무얼 먹는다고 그리 야단이오, 야단은……. 배가 어찌나 고프던지 사방 찾아봐도 먹을 것은 없고, 예전에 우리 잘 살 적에 녹두가루로 만든 비누가 그릇에 조금 붙어 있기에 그것도 곡식이라고 빨다가 당신이 갑자기 들어와서 하도 부끄러워 말은 못하고 보이기가 민망해 무릎 밑에 감추었는데, 이거 빨아봐요, 어디 무엇이 붙어 있는가.”

그 말을 들으니 가슴이 터질 듯 아팠다. 얼마나 배가 고팠으면 그것도 곡식이라고 빨았겠나 생각하니 남의 귀한 딸을 데려다가 호강은 고사하고 저리도 배를 주리게 하다니, 이거 내가 사람도 아니다 하며 탄식했다. 자기의 배고픈 생각은 어디로 달아나 버리고 사랑방에 가만히 앉아 ‘무엇을 해서 처를 굶주리지 않게 하나’ 하고 궁리를 했지만 워낙 찢어지게 가난한 형편이라 벗어날 방도가 없었다. 결국 마지막에 가서는 당장 굶어 죽을 판이라 도리없이 도둑질이라도 하기로 작정을 했다.

그날 밤 사방이 어두워지자, 마침 한 집에 가보니 울도 담도 없는데 뒷마루의 자루에 무엇인가 담겨져 있었다. 만져 보니 나락(수확한 벼)이 두어 말쯤 되어 보였다. 그 집도 가난하여 먹을 것이 없어서 식량으로 구해다 둔 딱한 사정 같이 보였지만 급한 김에 ‘옳다, 이거라도 됐다’ 하고는 둘러메고 집으로 왔다.

집에 다 와서 자루를 막 내려놓으려는데, 한 생각이 빙 돌기를 ‘내가 굶어 죽었으면 죽었지, 저 사람들은 무얼 먹나. 그들도 딱한 처지에 힘들여 구해다 놓은 이것을 내가 어떻게 먹겠나, 도저히 이 짓은 못하겠구나.’ 하며 정신을 차렸다. 다시 나락 자루를 둘러메고 그 집에 갔다 놓고 와서 사랑방에 앉아 가만히 생각해보니, 도둑질도 못 하겠고 이제 어떻게 하나 하고 잠을 이루지 못한다.

그때 홀연히 꿈인지 생시인지 허공에서 ‘정완용이 이제 복(福)받아라!' 하는 소리가 울린다. 무슨 좋은 일이 생기려나 하다 잠이 들었는데, 이튿날 동네 사람들이 모여 의논하기를 '정완용이 내외를 더이상 그냥 놔두면 굶어 죽겠다. 우리 동네에서 힘을 모아 도와 주자' 며 정가네 살리기 대책회의를 했다. 그래서 양식도 받고 옷가지도 도움받은 정선비는 굶는 것을 면할 수 있었고 그 후 과거에 급제하여 차차 벼슬이 높아져서 영의정까지 올랐다.

사람이 하는 일 숨기려 해도 하늘이 알고 땅이 안다. 사람이 하는 생각 숨기려 해도 하느님 불보살님이 다 아신다. 내 마음이라 해서 마음대로 먹지만, 한 생각 잘못 먹으면 극락과 지옥이 이 가운데 있는 것이다.

5

모르는 게 죄다

시집 장가 못 가는 업

사람이 무엇을 하든 성공을 하려면 확고한 목표의식이 필수적이다. 그러나 목표가 단지 '희망 사항'으로 끝나지 않으려면 자기의 수준과 능력에 맞게 설정되어야 할 것이다.

여기 결혼을 원하는 야심찬 처녀 총각들을 한 번 만나보자. 한 사나이는 완벽한 여자만을 원해서 온 세상을 다 헤맸음에도 불구하고 완벽한 여자를 구할 수가 없었다. 그때 친구가 찾아와 말했다.

"자네는 결국 완벽한 여자가 단 한 명도 없던가?"

"아, 있기야 딱 한 사람 있었지. 정말 완벽한 여자였지."

친구가 깜짝 놀라 물었다.

"그래? 그럼 왜 결혼을 안했나?"

그러자 그는 침울한 표정으로 말했다.

"왜 안했느냐고? 그녀 역시 완벽한 남자를 찾고 있더군. 그래서 결국 아무 일도 없었지."

또 한 처녀가 있었다. 그녀에게 여기저기서 청혼이 들어왔다.

조건들을 골라 보니 세 가지가 가장 마음에 들었다. 자기에게 시집 오면, 자기가 물려받을 왕관을 바치겠다는 황태자, 자기 집에 가보로 전해오는 보검을 바치겠다는 기사, 자기가 유산으로 받은 금괴를 바치겠다는 대상인의 아들 등 모두가 하나같이 놓치기 싫은 상대들이었다.

처녀는 누구를 골라잡아야 할지를 몰라 망설이면서 시간만 끌었다. 아무리 기다려도 처녀가 결정을 못 내리자 세 명의 청혼자들은 화를 내며 모두 떠나 버렸다. 처녀는 낙망하여 병을 얻어 죽고 말았다. 그녀가 묻힌 무덤 위에서 왕관을 닮은 꽃과 보검을 닮은 잎, 그리고 금괴를 닮을 뿌리를 가진 꽃이 피어났다고 한다.

어려서 읽은 튤립이 된 소녀 이야기인데, 이 소녀의 비극은 자기 인생의 방향을 결정지을 목표의식이 없었기 때문일 것이다. 매사에 목표의식이 희박한 사람은 늘 우유부단하다. 이런 사람과 연애를 하면 피차가 불행해질 것이다.

모르는 인생은 괴롭다

'걱정도 팔자'라는 말이 있다. 쓸데없는 걱정, 별걸 다 신경쓰는 걱정, 무익한 걱정을 기우(杞憂)라고 한다.

중국 주(周)나라 때, 기국(杞國)이라는 작은 나라에 한 사람이 있어 "만일 하늘이 무너져 내리면 어떡하나."하며 걱정했다. 그런데 이를 걱정하는 친구가 있어 "하늘은 공기가 쌓여 있을 뿐이야. 어찌하여 하늘이 무너질 것이라고 걱정하는가? 하늘에 정말 공기가 가득 차 있다면 해나 달, 별들이 의당 떨어져야 하지 않겠는가? 저 은하수도 역시 쌓여 있는 공기 가운데서 빛을 내고 있는 것으로, 만일 떨어진다 해도 맞아서 다치지는 않을 걸세." 하며 깨우쳤다. 친구는 마음이 가벼워져 매우 기뻐했다.

열자(列子)에 나오는 얘기인데, 열자가 이렇게 마무리를 지었다.

"천지가 무너지지 않는다고 말한 자도 역시 틀렸다. 무너진다든가 안 무너진다든가 하는 것은 우리들이 알 수 없는 것이다……. 생(生)은 사(死)를 모르고 사는 생을 모른다. 미래는 과거를 모르고 과거는 미래를 모르는 것이다."

- 석가모니 말씀 -

운명을 착각한 최후

잠이 깬 시간은 이른 새벽이었다. 화장실에 가려고 방문을 열고 나오다 섬칫한 느낌이 드는데, 현관 쪽 거실 바닥에 시커먼 뱀이 축 늘어져 있었다. 찰나의 순간이었지만 다시 보니 바닥에 세워둔 진공 청소기의 먼지 흡인 호스가 길게 늘어져 있는 것이다.

"휴, 그러면 그렇지." 크게 놀랄 뻔하다가 만 나 자신을 대견스럽게 생각하면서 멋쩍어한 적이 있다.

심외무물(心外無物)이니 마음 밖에 한 물건도 없고, 일체유심조(一切唯心造)이니 모두가 마음이 만든 것이라고 했거늘, 허망한 마음이 사라지면 갖가지 모습도 따라서 없어지는 도리가 이 가운데 있다고나 할까.

어떤 한 스님의 경우, 밤에 여우가죽을 밟고 착각하여 두꺼비를 밟아 죽였다고 잘못 생각했는데, 그는 죽어서 악한 세계로 들어가는 과보를 받았다는 기록도 있다.

일상 생활에서 우리는 이런 마음의 분별에 의한 결과로 낭패를 당하는 예가 허다하다. 어떤 사람이 산길을 가다가 정강이를 독사에게 물렸는데, 그 사실을 전혀 모른 채 나무절구에 상처를 입은 것으로 잘못 생각하고 삼십여 리를 더 갔는데도 그에겐 독성이 퍼지지 않았다. 그런데 홀연히 뱀 잡는 땅군을 만났는데, 그가 그 사람의 상처를 가리키면서 "저런 독사에게 물렸군." 하고 말하는 것이다. 이 말을 듣자마자 그는 의심이 담박 일어나면서 독이 온몸에 퍼져 그 즉시 운명했다고 한다. 이 또한 허망한 마음의 조작이 빚은 불행이 아니겠는가.

6

남의 탓이 아니다

죽일 놈들을 다 쓸어버리면?

출판사에 가는 길이었다. 교통노선이 복잡해서 택시를 타고 가는데 기사가 "저런 죽일 놈들, 다 쓸어버려야 돼."라며 악을 쓴다. 방금 전에 뉴스를 들었나 본데 파이낸스가 어쩌고 저쩌고 하면서 한 밑천 거둬 외국으로 날랐다는 것이다. 나는 조심스레 기사의 눈치를 봤다.

"죽일 놈들 다 쓸어버리면 어떻게 될까요?"

"그야, 뭐 세상이 조용해지겠죠."

인간 세상에서 선과 악의 문제는 영원한 논쟁의 테마가 되고 있다.

지구를 뒤덮은 대홍수 때 온갖 동물이 '노아의 방주'로 모여들었다. 선(善)도 급히 달려왔다. 그런데 노아는 선을 태워 주기를 거절했다.

"나는 쌍쌍이 아니면 안 태우기로 했어요."

그래서 선은 숲 속으로 달려가 제 쌍이 될 파트너를 찾았다. 그리고 악(惡)을 동반하고 배로 돌아왔다. 그 후로 선이 있는 곳에는 악이 있게 되었다고 '탈무드'는 전하고 있다.

나중에 악보다 약하여 결국 하늘로 쫓겨 올라간 선들이 하느님께 하소연했다. "하느님, 어떻게 하면 선들이 사람들하고 같이 살 수 있습니까. 그것을 가르쳐 주세요." 하였더니 하느님은 "한데 몰려다니면 악의 눈에 띄니까 하나씩 떨어져서 다니는 방법을 생각하라." 하고 일러 주었다. 그래서일까. 선은 언제나 사람들 주변에 몰래 내려오기 때문에 만나기가 어렵게 된 것이다. 곧 좋은 일은 만나기 힘드나 나쁜 일은 항상 우리 주변이 가까이에 있다는 암시인 것이다.

아무도 없는 한밤중에
비단옷을 입고 다니면
누가 알아 주겠는가.

택시기사님, 도둑님, 그리고 우리 함께 이 말을 새겨 보십시다.

보기 드문 의좋은 형제

도학자 장자는 '형제는 손발과 같고, 부부는 의복과 같다. 옷은 다른 것이므로 바꾸어 입을 수 있으나 손발은 한 번 끊기면 다시 붙일 수 없다' 했는데 요즈음 이 말 듣기를 제일 싫어하는 사람이 형수나 제수씨들이라고 한다.

형제자매가 되어 태어나려면 전생에 9천 겁의 인연이 있어야 했다던가. '겁'은 1만리 입방의 큰 성에 좁쌀을 가득 채운 뒤 1천 년에 한 번씩 새가 날아와 한알 한알 물고 가서 텅 비게 하는 데 걸리는 시간이라고 하니 어마어마하게 긴 세월이다. 이를 어떤 수학자가 계산해 봤더니 2만 겁은 숫자 뒤에 0이 38개가 이어지는 년(年)이란다. 참고로 금생에 부부가 되어 함께 살게 되는 인연은 8천 겁의 세월이 걸린다고 하니, 이 인연법대로라면 형제와 아내와의 시간거리는 1천 겁의 차이가 나는 셈이다. 이런 깊은 인연의 형제지간이지만 그것도 전생의 만남

내용에 따라 금생에 사이의 좋고 나쁨이 나타난다 하겠다.

자두연기(煮豆燃箕)라는 말이 있는데 콩을 삶는데 콩깍지를 태운다는 뜻으로 형제끼리 서로 시기하고 다툼을 비유한 것이기도 하다.

삼국지의 주인공 조조는 무장이지만 문학도 즐겨서 이른바 건안문학을 발전시켰다. 그에게 조비, 조식 두 아들이 있었는데, 조식이 문무를 겸비하여 재주가 뛰어나서 내심 조조는 둘째를 태자로 삼으려 했다. 그러나 성질이 너무 급하고 거칠어 맏아들 조비에게 대권을 주었다.

조비는 조조가 죽자 후한의 헌제를 폐위시키고 스스로 위의 문제라 했다. 조비와 조식은 어려서부터 마음이 맞지 않아 항상 충돌이 잦았다. 어느 날, 조비는 동아왕으로 책봉되어 있는 조식을 불러 이런 명령을 내렸다.

"내 앞에서 칠보(七步)를 걷는 동안 시 한 수를 지어라. 시가 아니면 칙령을 배반하는 것으로 알고 엄히 다스리겠다."

조식은 형 문제의 말이 떨어지자마자 즉시 걸어가면서 시를 지었다.

콩을 삶음에 콩깍지를 태우니	煮豆燃豆箕
가마속 콩이 뜨거워 우는구나.	豆在釜中泣
본시 같은 뿌리에서 나왔건만	本是同根生
뜨겁게 삶음이 어찌 이리 급한고.	相煎何太急

한 부모 밑에서 자라난 동기간끼리 어찌 이리 괴롭히느냐는 뜻이나, '칠보시'라 해서 시를 빨리 짓는 재주를 찬탄하는 뜻으로도 쓰인다.

팔자타령에는 음치가 없다

받아들일 수 있는 마음

요즘 사람이나 동물이나를 막론하고 장애아, 기형아 새끼가 점점 늘어나는데 이것은 다 인간이 스스로 뿌려 거둔 업보라 보고 싶다. 세상의 귀머거리, 언청이, 농아, 벙어리 등의 장애를 갖고 태어나거나 장애자가 되는 것은 전생부터 성인 말씀을 듣고도 불신하고 독경하는데 귀막고 삼보(불·법·승)를 비방하고 부모를 욕한 때문이라 했다.

우리는 남의 장애를 보고 겸허를 배우고 나의 건강에서 감사를 배워야할 것이다. 여기 어떤 장애인의 기도를 소개하겠다.

주여,

나는 물었다.

"왜 꼭 나란 말입니까? 제자 뭘 잘못했기에……."

나는 이 질문을 하고 또 한다. 그러나 계속 저편의 메아리처럼

그 절규는 그대로 다시 돌아올뿐. 그리고는 정적만이…….

내게서 이런 부질없는 의문을 가져가 주옵소서, 주여.

내 가슴으로부터 쓸어버려 주옵소서.

그리고 내 마음에 다시 들어오지 않도록 해 주시옵소서.

내가 버림받지 않았으며

시련은 모든 이에게 닥치기 마련임을 이해하면서,

내가 평화를 찾을 수 있도록 나와 함께 해주시옵소서, 주여.

이제 다시 묻겠습니다.

"나라고 해서 이런 일 당하지 말라는 법이 따로 있을 수 없겠지요?"

내 시련에 대해 아무것도 탓할 것이 없음을 받아들일 수 있도록

주여, 나와 함께 하옵소서.

이제 다시 묻겠나이다.

"어떻게 하면 나의 불평을 희망적으로 사용할 수 있사옵니까?"

"이러한 불행에서 내가 배울 수 있는 것이 무엇이옵니까?"

– 비벌리 고오든 저 「받아들이는 마음으로」에서

대통령의 팔자타령

옛말에 사람의 팔자그물은 사냥꾼도 벗어날 수 없다고 했다.

인생살이가 얼마나 고달팠으면 이런 푸념이 나왔을까 싶다.

요즘 말로 '머슴의 고향'이라던가. 모든 것은 운명이며 주인이 주는 대로 받아 먹고 쥐 죽은 듯이 일한다는.

큰 닭장에 많은 닭을 기르고 있는 부잣집에 한 머슴이 닭 모이를 주며 "너희들은 무슨 팔자를 타고 나와 온종일 놀고 먹고 잠자고 노래만 하느냐."며 신세타령을 했다. 마침 상전이 지나다 이를 듣고 "너도 닭

팔자대로 해주랴." 하더니 머슴을 닭장 속에 가두고 조석으로 밥상을 걸게 차려 들여주었다. 그리고 잠자리도 그 안에 마련해줌은 물론 노래를 부를 수 있도록 장단 맞출 장구도 넣어주었다. 그런데 머슴이란 놈 사나흘도 지나지 않아 "밤에도 잠자지 않고 일할 테니 제발 닭팔자 좀 면하게 해달라." 고 몸부림을 쳤다. 일할 수 있는 몸이 상팔자라는 것을 뒤늦게 깨달은 선머슴이었던 것이다.

남들이 골머리를 앓으며 연구하고 뼈빠지게 다리품을 팔고 있는 동안 복권을 사 모은 사람들, 주식을 사 모은 사람들, 그래서 하루 아침에 억대 부자가 되는 것을 보고 수많은 '놀부병' 환자들이 억장이 무너진다고 가슴을 친다. '세상은 왜 이리도 불공평하느냐' 며…

지난 연말 김대중 대통령이 당선 23주년을 맞아 TV프로에 출연하여 '옷로비 의혹' 관련 질문에 대해 답변하는 것을 본 적이 있다.

"요즘은 생각지도 않은 일로 국민들에게 걱정하게 한 것을 보면 한탄이 절로 나오고 이게 무슨 팔자인가 하는 생각도 듭니다. 지금 솔직히 안타깝기도 하고 억울하기도 하고 국민에게 면목도 없고 그런 심정입니다."

머슴에서 대통령까지 하는 팔자타령. 팔자타령은 결코 '인생음치' 들만의 18번은 아닌 것이다. 지금 내가 하는 고생이 마지막 고생이란 생각을 한다면, 그리고 지금 그가 얻은 행운이 마지막 행운이란 생각을 한다면 인생살이가 그리 억울하지도 만만하지도 않다는 것을 깨닫게 될 것이다.

살릴 수 있으면 죽여라!

따지기를 좋아하는 이가 내게 물었다.

"인간이 짓는 악한 일 가운데 어떤 것이 가장 큰 죄악이오?"

그런데 옆에 있는 사람이 재빨리 나섰다.

"그야 도둑질하고 남을 중상모략하고 불효하는 것이지."

나를 쳐다보기에 대답을 했다.

"그것도 맞는 말이긴 하지요. 그러나 그보다 더 나쁜 짓은 살생을 하는 거 아닐까요?"

그러자 대뜸 반론을 제기한다.

"날마다 고기 먹는 일은 흔한 일인데, 그걸 어떻게 나쁜 일이라 할 수 있어요. 게다가 가장 큰 죄악씩이나."

그러면서 만물의 영장인 인간이 다른 짐승을 마음대로 부리고 잡아먹을 권리가 부여되어 있다는 주장을 폈다. 아마 기독교적인 신앙의 소신처럼 들렸다.

그러나 답답하다. 재물이 탐나면 그로써 족할 일이지, 불효를 했으면 그로써 삼가할 것이지, 자기 애비, 에미까지 해치는 자식들은 또한 어떤 인간인가. 말 못하는 짐승이라고 배를 가르고 살을 벗기고 심장을 쪼개며, 간이나 뇌나 뼈다귀를 솥에 넣고 삶는 데 있어 도인처럼 무심하니 참으로 다음에 받을 과보가 두렵다.

두 번 살 수 없는 단 한 번의 귀한 목숨. 모든 생명있는 것을 죽이는 자들에게 이렇게 묻겠다.

"진정한 능력은 순역(順逆)에 자재(自在)하는 것이오. 죽일 수 있으면 살릴 수도 있어야 완전한 능력이오. 내 그대에게 감히 허락하노니 죽은 목숨을 살릴 수 있으면 그것이 무엇이 됐든 죽여도 좋소. 당신은 그럴 능력이 있나요?"

8

죄 지으며 사는 사람들

그래도 미래에 산다

해마다 여름철이면 각종 풍수(風水) 재난으로 가슴 아픈 비극을 겪는 게 우리의 운명인가. 400mm가 넘는 엄청난 폭우로 언덕이 유실되면서 토사가 집을 덮쳐 일가족 3명이 희생당하기도 했다. 운명적으로 몰락해 가는 가족사를 그린 소설 '김약국의 딸들'의 무대이기도 한 경남 통영에서 40대 가장이 여섯 살난 막내딸을 가슴에 꼭 안고 숨진 채 발견되어 주위 사람들을 안타깝게 했다. 대구 부근 콘크리트 골조와 흙더미에 깔려 엎드린 채 숨져 있는 정씨(44)는 막내딸(6)을 가슴에 안고 있었고, 부인(41)은 불과 50cm 떨어진 지점에 나란히 엎드려 숨져 있었다. 그러나 쌍둥이 딸(11)들은 살아갈 운명을 타고난 것인지 부모가 먼저 대피시키고 떠나는 덕분에 희생을 면했다.

또한 5년 전 서울 성수대교 붕괴 참사 당시 외동딸(당시 18세)을 잃은 아버지가 딸을 향한 그리움을 이기지 못해 괴로워하다 목숨을 끊기도 했다. 성수대교 북단 '성수대교 참사 희생자 위령비' 앞에서 장모(54)씨가 독극물을 마시고 숨진 것이다.

알 수 없는 운명의 시한폭탄을 짊어지고 사는 우리 인생, 그리고 부정부패, 부실공사의 소용돌이 곁에서 살고 있는 우리 사회에서 강 건너 남의 일처럼 범상하게 보이지 않을 것이다.

어느 날 갑자기 각종 사고로 불쌍한 죽음을 당하는 사람은 전생·금생에 연약한 아녀자를 욕보이거나 해친 때문이며 벼락맞고 불에 타 죽은 것은 저울 눈금 속인 과보라고 한다. 그리고 전에도 말했지만, 조실부모하여 고아가 되는 것은 불효하거나 어른을 업신여겼기 때문이라고 한다.

《각해일륜》에 의하면 세상에는 사람과 축생을 막론하고 부모와 자식이 숙세에 원수의 인연으로 이를 보복하기 위하여 인간계에 와서 출생하는 예가 있다고 한다. 그 예를 들면 어떤 사람이 자식을 임신하여 불행히 낙태하거나 출생할 때 모자가 같이 죽게 되는 경우다. 그리고 그 자식이 출생한 뒤에 곧 죽거나 아니면 부모의 사랑을 마음껏 받다가 뒤에 죽거나 아니면 부모의 사랑을 마음껏 받다가 먼저 죽는 것 등으로 부모에게 화를 입히고 마음을 아프게 하는 것 등이다. 또한 자식이 성장하여 부모의 재산을 탕진하며 불효막심하거나 오욕에 빠져 부모에게 뼈아픈 일을 겪게 하는 것 중에는 전생에 원수를 갚기 위하여 자식으로 태어나는 경우도 있다는 것이다.

후회할 짓을 왜 해?

언젠가 서울 대형서점에서 책 도둑질을 하다 들킨 인텔리 족 가운데 한 중산층 노인은 그의 서재를 온통 메운 수천 권의 책 거의가 훔친 것이라 했다. 책을 못 살 정도의 생활수준이 아닌데도 도벽(盜癖)에서 벗어날 수 없었다고 한다. '세 살 버릇 여든까지 간다'더니 이것은 범죄책에서 후천성 범죄 심리로 봐야 할지, 아니면 학자들이 주장하는 '범죄형 인간'으로 타고난 천성인지.

한 아들이 서당에서 친구의 책을 몰래 훔쳐왔다. 그런데 어머니는 아들을 꾸짖지 않았을 뿐만 아니라 오히려 칭찬해 주었다. 아들은 나이를 먹음으로써 큰 도둑이 되었고 마침내 범행 현장에서 붙잡혀 손을 뒤로 묶인 채 사형장으로 끌려 갔다.

어머니는 가슴을 치면서 사형장으로 가는 아들의 뒤를 따랐다. 그때 아들이 뒤돌아보면서 어머니에게 할 말이 있다고 했다. 어머니가 아들 곁으로 가까이 가자 아들은 입으로 어머니의 귀를 물어 뜯었다. 어머니는, "네가 지은 죄도 큰데 이제는 어미까지 병신을 만드는 불효를 하겠다는 거냐."고 꾸짖었다. 이에 아들은, "처음 제가 책을 훔쳤을 때 어머니가 저를 지금처럼만 꾸짖었더라도 오늘 나는 사형당하지 않아도 되었을 거에요."라고 원망했다.

나무를 심는 자는 그 나무를 보살필 의무도 있는 것이다.

대문을 훔쳐간 하느님

처음 성당에 나가게 된 엿장수가 하늘을 우러러 이렇게 기도를 했다.

"하느님, 나의 대문을 지켜주옵소서."

그런데 돌아와보니 대문짝 두 개를 어느 놈이 떼어 갔는지 보이지 않았다.

화가 난 엿장수는 성당으로 달려가서 성당문을 떼다가 자기 집에 달았다. 신부가 이 사실을 알고 정신없이 달려와서 눈을 부릅뜨고 엿장수를 나무랐다.

"형제여! 간이 부었구만! 감히 성당문을 떼다가 제 집에 달다니. 그건 하느님의 대문이요. 알기나 하시오. 빨리 떼다가 성당에 제대로 달아 놓으시오!"

"신부님, 자초지종도 모르시면서 왜 화부터 내십니까!"

엿장수는 씩씩대면서 말을 이었다.

"내가 성당을 떠나면서 나의 대문을 지켜주십사 하고 하느님께 간곡히 기도했습니다. 그런데도 하느님은 도둑이 와서 내 대문을 떼가는 것을 빤히 지켜 보면서도 내버려 두었습니다. 하느님이 나의 대문을 찾아다 주기 전에 나는 절대로 성당 대문을 돌려줄 수 없습니다. 아시겠습니까?"

신부는 잠시 기가 막혔으나 이내 정신을 차리고 말했다.

"형제는 하느님께 감사드려야 합니다."

"감사요? 지금 누굴 놀리십니까?"

신부가 그를 달랬다.

"생각해 보시오. 세상에 하늘 나라보다 더 안전한 곳이 또 어디 있겠소? 당신의 소중한 대문은 하느님께서 잘 보관하고 계실테니, 부디 하느님을 믿고 천당가서 당신의 대문을 찾도록 내 기도하겠소."

엿장수는 아무런 할 말이 없었다.

제3부

팔자가 풀린 사람들

7

성공의 조건

성공을 위한 결의

삼국통일을 이룩한 신라의 명장 김유신은 가야국 김수로왕의 자손으로 역시 당대의 명장 서현과 갈문왕의 손녀인 만명부인 사이에서 태어났다. 삼국을 통일할 때 위대한 공을 세운 그에 대해서는 생애를 미화시켜 서술한 고대 소설까지 있을 정도로 인구(人口)에 회자되는 명장이다.

김유신의 모친 만명부인은 유신이 어렸을 때부터 남다른 정성을 쏟은 걸로 보인다. 멀지 않은 곳에 어여쁜 기생 천관녀(天官女)가 천관이란 곳에 살고 있었는데, 김유신 장군이 어릴 때 그녀에게 마음을 빼앗겨 출입이 잦았다. 이를 못마땅하게 여긴 만명부인이 유신을 크게 꾸짖자 "다시는 그녀의 집에 가지 않겠다."며 맹세를 했다.

그러던 어느날 술에 취해서 집으로 돌아오는데, 타고 오던 말이 전에 늘 하던 버릇으로 그녀의 집에 다다랐을 때 이를 안 김유신이 말의 목을 베었다. 그러자 기생 천관녀가 유신의 냉정함을 원망하며 지어 부른 노래가 원사(怨詞)라고 전하고 있다.

사람이 일신의 영달을 위하여 결의를 다지는 모습을 보이는 것은 무방하겠으나 그 때문에 살생을 한다는 것은 이해할 수가 없다. 주인의 의중을 헤아려 편히 모신 죄밖에 없는 말을 죽일 까닭이 뭐란 말인가.

아무래도 결의를 다지는 의식치고는 너무 '오버' 한 것이 아닌가 싶다.

환경을 탓할 수는 없다

맹자는 공자를 이어 중국에서 오랜 세기를 거쳐 오는 동안 존경받아 왔다. 특히 그는 3살 때 아버지를 여의게 되었는데 그의 어머니 구부인(仇夫人)은 남편이 죽자 홀로 맹자를 키우고 가르쳐 훌륭한 인물로 만들었다 해서 맹자의 이름과 함께 길이 전하고 있다.

바로 그녀가 실천한 이른바 '맹모삼천지교(孟母三遷之敎)'라 하여 자식의 교육을 위한 그녀의 의지는 어머니들의 모범으로 전해 오고 있다. 나중에 맹자는 "아무리 적은 것도 이를 만들지 않으면 얻을 수 없고, 아무리 총명하더라도 배우지 않으면 깨닫지 못한다. 노력과 배움, 이것 없이는 인생을 밝힐 수 없다."하여 타고난 조건이나 환경을 탓하지 않고 극복하려는 운명 철학을 피력했다.

그런데 맹모의 교육철학인 '환경 운명론적 믿음'에는 적지 않은 반론도 있다.

그녀는 맹자가 어렸을 때에 처음 공동묘지 근처에서 살았는데, 맹자의 어머니가 보니 맹자가 놀 때에 묘지에서 매장하는 시늉을 하면서 뛰고 쌓고 파묻고 하거늘 이곳은 자식을 키울 곳이 못 된다 하고는 시장 근처로 이사했다. 그러자 이번에는 맹자가 물건을 사고 파는 흉내를 내는 것이었다. 그래서 서당 근처로 이사했다. 그랬더니 놀 때에 접시를 벌여놓고 권하고 사양하고 나아가고 물러나는 시늉을 했다. "이곳이야말로 자식을 키울 만한 곳이로구나." 하고 거기서 눌러 살았다는 것이다.

맹모의 믿음대로라면 묘지 근처에 사는 가문에는 모두 장의사나 나오겠지 하겠지만 인생무상의 도리를 깨달아 생사해탈의 진리를 밝힌 석가모니도 나왔다.

그리고 장터 주변에 살면 죄다 장돌뱅이나 되려니 하겠지만 요즘 시대의 갑부, 재벌은 모두 그 '도떼기 시장' 틈바구니에서 나오고 있다. 또한 서당 근처에만 있으면 모두 석사, 박사, 교수만 나오겠거니 하겠지만 하필 유학까지 가서 '탱자'로 돌아와 애비 애미 죽이는 폐륜아가 나오기도 하는 세상이다.

오늘날 '맹모삼천지교'의 본래의 뜻이 퇴색되어 8학군, 촌지, 치맛바람으로 왜곡되어 이를 안타깝게 바라볼 뿐이다.

2
운명과 행운의 시간표

미인의 매너

각종 미인 선발대회를 볼 때마다 '어쩌면 저리 예쁠 수가 있을까' 하고 생각한 적이 있다. 요즈음 아름다움이 경쟁력의 하나로 평가받는 세상이니만큼 미용관련 산업이 엄청난 시장을 형성해 가고 있는 것으로 알고 있다.

인과법에 따르면 미인으로 태어나는 것은 전생에 절에 아름다운 꽃을 부처님께 바친 과보라 한다. 당신이 남이 말하는 미인이라면 기독교인은 교회에, 천주교인은 성당에 꽃을 바쳤기 때문이라 생각하면 어떨지.

중국 전한시대(前漢時代) 제7대 황제인 무제(武帝)의 첩실로 가희(歌姬)라는 여인이 있었는데, 미모와 춤 솜씨가 워낙 뛰어나 무제가 인정하여 측실로 맞아들였다고 한다. 무제의 총애를 받고 있는 그녀는 아들을 하나 낳고서는 병이 나 다 죽게 되었다. 무제가 몸소 문병을 왔는데 부인은 이불을 뒤집어 쓴 채 "저는 오랫동안 병석에 누운 탓으로 얼굴이 매우 상하여 도저히 폐하를 볼 면목이 없습니다. 부디 아이와 제 형제를 잘 부탁합니다."라며 슬피 말했다. 그러자 무제는 잠깐이라도 좋으니 얼굴을 보여 주면 많은 금품은 물론 그대의 형제들도 관직에 임명하겠다며 부탁했으나, 그녀는 그리하고 안 하고는 폐하의 뜻일 뿐 자기는 결코 맨 얼굴로는 당신을 볼 수 없다고 하면서 휙 돌아누워 흐느낄 뿐 말이 없었다.

무제는 부인의 완고함에 불쾌한 표정을 지으면서 그곳을 떠났다. 나중에 자매가 그녀에게 "왜 잠깐만이라도 폐하를 뵙고 형제의 후사를 부탁하지 않았어요. 결국 폐하를 화나게 하고 만 셈이 되었잖아요!" 하고 볼멘 소리를 했다. "그렇지 않아요. 나는 단순히 천한 신분으로 지금의 지위까지 오르게 된 거에요. 대체로 아름다움으로 남을 위하고 있는 자는 용모가 미워지면 애정도 따라 식게 된다는 것을 알아야 해요. 폐하가 지금도 나에게 마음을 두고 있는 것은 평소의 내 미모 때문이에요. 지금 내 초췌해진 얼굴을 보인다면 당장에 만정이 떨어져 두 번 다시 나의 일 같은 것은 관심도 없을 거예요." 라고 말했다.

그 부인이 죽은 다음 무제는 황후로서의 장례를 치러줬음은 물론 그 형제들도 고관에 임명하고, 젊은 나이에 죽은 그녀를 애처롭게 생각해 언제까지나 아름다운 여인으로 기억하게 되었다.

중국 속담에 '미모의 3분의 1은 천성이며 나머지 3분의 2는 의상이다'는 말대로, 그녀는 요즘으로 치면 여성으로서 가장 세련된 화장(化粧)의 매너를 보여 준 케이스가 아닌가 싶다.

거문고로 찧는 떡방아

신라의 백결선생은 살림이 몹시 가난하여, 백군데나 꿰매어 메추리를 달아놓은 것 같은 옷을 입었기로, 그 당시 동리 사람들이 백결선생(百結先生)이라고 불렀다 한다.

어느해 세모가 되자 이웃집에서 떡방아를 찧으니 그 아내가 방아소리를 듣고 남편에게 말했다.

"남들은 곡식이 있어서 방아를 찧는데, 우리는 없으니 어떻게 새해를 맞는단 말이오?"

그러자 선생은 하늘을 우러러 탄식하였다.

"무릇 죽고 사는 것은 명(命)에 있고 부귀는 하늘에 매인 것이오. 오게 되면 막을 수도 없고 간다 해도 쫓아갈 수 없는데, 그대는 너무 슬퍼하지 마오. 내 그대를 위하여 떡방아 찧는 소리를 내어 주리다." 하면서 거문고를 찾았다.

그러자 아내가 이렇게 말했다.

"아무렴, 귀로써 배를 대신할 수 있나요?"

이번에는 선생이 한 마디 했다.

"그럼, 입방아는 떡방아를 대신할 수 있겠오?"

이에 아내가 거문고를 갖다주자 선생이 가사를 읊었다.

남들이 떡방아를 찧으니 배가 아프고
지아비 거문고를 타니 귀가 아프네
그대여 이심전심(以心傳心) 알았거든
우리도 부창부수(夫唱婦隨) 놀아보세.

3

급할수록 돌아가는 사람들

울지 않는 새

옛날 말하는 앵무새를 길들여 팔아 생계를 꾸려가는 사람이 있었다. 그런데 새장 안에 키우는 앵무새가 고운 소리로 잘 울어줘야 할텐데, 웬일인지 새가 도통 울지 않는 것이다. 만약 당신이 이 경우에 처한다면 어떻게 대처하겠는가?

우리가 어떤 당면한 문제를 해결하는 모형을 3가지로 분류한다면 이러하다.

첫째, 즉시 해결하는 방안

둘째, 단기적 시간을 두고 수단과 방법을 모색하는 방안

셋째, 장기적인 '기다림'을 전제로 해결의 능력을 연마하는 방안이 있을 것이다.

흔히 '이 울지 않는 새'의 문제를 해결하는 선택에 따라 일본에서는 그들의 과거 지도자들을 분류하기도 한다.

① 칼로 목을 친다.(노부나가 스타일)

② 울게 만든다.(히데요시 스타일)

③ 울 때까지 기다린다.(이에야스 스타일)

일본의 역사학자들이 그들의 역사적 위인 세 사람을 들어 설명한 것

을 보면 ①번은 일본 군대의 기강을, ②번은 정치 · 외교의 방법론을, 그리고 ③번은 일본 기업의 전략적 모델을 형성하는 토대가 되었다고 설명하고 있다.

우리도 민주화 운동 시절 YS가 '닭장차'에 실려가면서 '닭의 모가지를 비틀어도 새벽은 온다' 하며 격렬하게 저항하는 모습을 본 적이 있는데, 여기서 '새'나 '닭'이 모두 행복과 희망을 상징한다고 보면, '울지 않는 새'의 모델을 개인의 인생경영에 한 번 대입(代入)시켜 봄이 어떨지 권해본다.

희망을 먹고 자라는 꿈나무

중국 당나라 때의 침중기(枕中記)에서, 도사(道士) 여옹이 한담 쪽으로 가는 도중에 노(盧)씨 소년이 스스로 비천함을 탄식하고 있는 것을 보게 되었다. 여옹이 소년의 소원을 들어줄 심산으로 그에게 목침을 주면서 "이 목침을 베고 누우면 온갖 영화가 너의 뜻대로 이루어지리라." 했다.

그래서 소년 노생이 그 목침을 베고 눕자 바로 청하 지방에 사는 최씨 여인을 처로 맞게 되었고, 차차 벼슬이 올라가 재상까지 되고 그새 나이를 먹어 80이나 되었다. 임종이 가까워 오자 많은 자손들이 모였다. 그때 소년 노생이 잠을 깨었는데 꿈이라. 보니 여관집 주인이 찌고 있던 잡곡이 아직 김도 나지 않더라는 얘기다.

인생무상을 생각하게 하지만, 노인은 소년에게 '가난한 자의 빵인 희망'을 주려고 한 것인지 아니면 큰 인물을 만드는 것은 희망이나 꿈이라는 것을 가르쳐 주려 한 것인지 도무지 꿈같은 얘기다.

자고로 동서를 막론하고 크고 훌륭한 인물은 대개 부모나 스승의 교육에 의해 영광을 얻을 수 있었다. 어린이를 가르친다는 것, 그것은 백지에 무엇인가를 쓰는 일과 같다. 그러나 어른에게 가르친다는 것은 마치 이미 써놓은 종이의 여백을 찾아 써 넣으려는 것과 같다. 여기에 조기 교육의 중요성이 있지 않나 싶다.

4

사랑을 위하여

사랑의 불가사의

언젠가 우리나라 일간지들의 사회면 기사에 '바다 위 맨 몸 사투(死鬪) 14시간, 아내 얼굴이 나를 살렸다'라는 극적인 사건이 있었다. 멀리 남지나해를 지나던 어느 화물선의 30대 한국 선원 하나가 실수로 바다에 빠졌던 것이다.

그 선원이 구조되기까지 14시간 동안 지속된 기적적인 사투는 아내의 얼굴 때문에 가능했다고 구조된 그는 말했다. 남편을 살리게 한 '아내의 얼굴'이 상징하는 것은 무엇일까?

옛날 소산(疎山)이라는 스님이 있었는데, 누가 "도대체 부처님법(佛法)이라는 것이 무엇이오?"하고 물으면 나무로 깎은 뱀을 들어 보이면서 하는 말이 "이것이 조가(曹家)의 여인이니라."하는 것이다.

이것이 그 스님의 법문인 셈인데 누가 묻든지 대답은 한결같았다고 한다. 거기에는 슬픈 사연이 깃들어 있다.

조씨라는 사람이 배를 타고 항해하다가 어떻게 잘못하여 바닷속에 빠져 죽었다. 동행한 사람이 조씨의 부인에게 가서 당신 남편이 물에 빠져 죽었다는 슬픈 소식을 전했다. 그러자 부인이 애통해하며 자기 남편이 빠진 곳에까지 데려다 달라고 하는 것이다. 그래서 함께 배를 타고 남편이 빠져 죽은 곳에 다다르니, 그 여인이 갑자기 바다에 뛰어들어 이내 흔적도 없이 가라앉았다.

그로부터 사흘이 지난 뒤 바닷가에서 조가의 여인이 죽은 자기 남편의 시체를 껴안고 파도에 떠밀려 나타났다. 그 망망대해 어디에 가서 죽은 남편을 껴안고 나왔는지 참으로 불가사의한 노릇이 아닌가.

소산스님이 밑도 끝도 없이 나무뱀을 들고 '이것이 조가의 여인이다' 한 것이 아니라 조가의 아낙이 바다에 뛰어들어 자기 남편의 송장을 껴안고 바닷가에 떠밀린 그 내력을 말한 것이다. 송장이 가서 송장을 찾아 안고 나타난 뜻이 그 속에 있다는 것이다.

소산스님이 이와 같은 법문을 하는데 대해 나중에 자수(慈受)스님이 그에 대해 코멘트 했다.

헤어지는 모습은 꽃이 웃는 것만 같지 못하고	別面不如花有笑
이별의 정은 무심한 대나무와 같을 수 없더라.	離情難似竹無心
사람들에게 공연히 조가의 여인을 들먹여서	因人說着曹家女
서로 생각하여 병만 점점 깊게 하는구나.	引得想思病轉深

소산스님의 나무뱀 이야기에 일침을 준 것인데, 어떤 점이 마음에 안 들어 살짝 꼬집은 것일까? 그 깊은 뜻은 각자 화두(話頭)로 삼을 일이다.

아내의 춤바람

부창부수(夫唱婦隨)라 하면 옛날엔 남편이 북치고 장구치고 혼자 다

하고 아내는 박수나 치는 정도였다. 그러나 요즘은 시대가 변하여 '암탉이 울면 집안이 망한다'가 아니고 '암탉이 울면 계란이 생기고 수탉이 울면 날샌다' 하여 완전히 여성상위시대로 역전이 된 세상이라 한다.

무술에 뛰어난 한 무사가 산 속에 살고 있었다. 그에게는 예쁜 딸이 하나 있었는데 혼기가 차서 사윗감을 찾고 있었다. 무사는 딸의 남편감으로 무예에 능한 청년을 택할 생각을 하고 있었다. 바로 그때 두 청년이 무술을 연마하려고 산 속을 찾아와 제자가 되었다.

스승은 두 제자에게 정성을 다해 가르쳤지만, 한 청년은 원래부터 소질이 있어서 숙달이 빨랐으나 한 청년은 오랜 세월이 흘러도 오직 한 가지 무예만을 익히는 데 그쳤다.

결국 다섯 가지의 무예를 모두 익힌 청년이 사위가 되었다. 무술에 미숙한 청년은 크게 실망하여 사위가 된 청년을 미워하고 스승을 원망한 나머지 문하를 떠났다.

사위가 어느 날 신부와 함께 마차를 타고 깊은 산길을 지나가게 되었다. 그런데 앞서가던 상인들이 갑자기 가던 길을 멈추고 서성거리고 있었다.

"산적들이 지키고 있어 무서워서 못 가고 있습니다요."

무예에 능한 청년은 조금도 주저함이 없이 용감하게 산적들을 덤벼드는 순서대로 물리쳤다. 결국엔 두목만이 남게 되었는데, 그는 바로 전에 하산한 옛 친구였다. 사위가 활을 쏘면 두목은 칼로 화살을 꺾었다. 화살은 한 번도 두목을 맞히지 못했다. 결국 오백 개의 화살 중 한 개만 남게 되었다. 그는 마지막 화살을 시위에 걸고 잠시 생각에 잠겼다.

'이 한 개의 화살이 나와 아내의 운명을 좌우하는 최후의 순간이 왔
구나.'

처음부터 남편과 두목의 싸움을 지켜보던 부인은 활을 쏘지 않고 있
는 것을 보고 말했다.

"어째서 빨리 활을 쏘지 않고 있지요?"

그러자 남편이 말했다.

"이 화살이 최후의 방패인데, 만약 실패하면 우리 두 사람은 죽을 수
밖에 없을 것이오. 그래서 신중을 기하는 것이오."

이 말이 끝나자 아내는 갑자기 일어나더니 산적 두목을 향해 치마를
휘날리며 춤을 추기 시작했다. 춤추는 모습이 얼마나 미묘한지 두목은
넋을 잃고 바라보고 있었다. 바로 그때 남편이 최후의 시위를 당겼다.
두목이 화살을 맞고 쓰러졌다. 숨이 끊어지기 직전에 두목은 숨을 몰
아쉬며 말했다.

"내가 힘이 없어서도 아니고 그 활이 강해서도 아니다. 단지 현명한
여자의 지혜에 내가 졌을 뿐이다."

5
자식이 뭐길래

낳은 정 기른 정

부자와 가난한 농부가 한 마을에 살고 있었다. 가난한 농부에게는 자녀가 다섯씩이나 있어 더욱 살기가 어려웠다.

그런데 부자는 불행하게도 자식이 하나도 없었다.

어느 날 부자는 농부에게 아이를 하나 양자로 주면 집과 땅을 주겠노라 했다. 찢어질 듯 가난한 부부는 부자의 제의에 기뻐했다.

아이들이 모두 잠든 깊은 밤, 농부 부부는 어느 아이를 보낼 것인지 의논을 했다. 남편이 막내아이를 가리키자, 부인은 그 애는 아직 젖먹이라며 고개를 내저었다. 셋째를 가리키자, 그에는 병이 들어 아프니까 데리고 있으면서 간호를 해 주어야 한다며 손을 내저었다.

장남에게로 가자, 그 아이는 농사일을 맡고 있어 보낼 수 없다고 했다. 네 번째 아이에게로 가자, 눈물 자국도 지워지지 않은 채 잠꼬대를 하는 이 애는 아직 철부지라 엄마가 보고 싶어서 매일 울 거라며 안 된다고 했다.

이제 마지막으로 자고 있는 둘째 아이에게로 갔다. 다섯아이가 가운데 가장 속을 많이 썩이는 아이다. 남편은 그 애를 보내자고 했다. 아내는 그애야말로 부모의 사랑과 기도가 필요한 아이라고 말했다. 밤을 새우며 고민을 하던 부부는 잠이 든 아이들의 볼에 일일이 입을 맞추었다. 결국 아침에 부부는 부자에게 가서 생활이 어렵더라도 더 부지런히 일해 아이들을 자신의 손으로 키우겠다고 정중히 말했다.

이런 저런 이유로 고아 아닌 고아가 늘어나고 있는 요즘, 한번쯤 가슴에 손을 얹게 하는 얘기가 아닐 수 없다.

6

운명은 내 손안에

화를 피하는 지혜

프랑스 신부(神父)의 소개로 천주교 신자가 된 안중근 의사는 1905년 을사보호조약이 체결되자 일본에 대한 적개심으로 불탔다. 마침 조선 침략의 주도적 역할을 한 이등박문(이토오 히로부미)이 만주 하얼삔에 온다는 것을 알게 된 안 의사는 일본인으로 가장하고 접근하여 그를 권총으로 저격했다.

안중근 의사는 성공을 기뻐하며 '대한독립만세'를 외치고 태연히 포박을 당했다. 바로 1909년 10월 26일이었다. 여순감옥에서 끝까지 굽히지 않고 항변하다가 다음 해 사형을 당했다.

여기서 안중근 의사 애기를 하는 것은 살생에 대한 인과론적 업보를 설명하려고 하는 것이 아니다. 유명인의 운명에 대하여 역학적(易學的) 풀이를 즐기는 역술인들에 따르면 이등박문은 안중근 의사에게 죽게 될 것을 미리 알고 있었다는 것이다.

애기인즉, 이등박문이 중국으로 떠나기 전에 아베다이스라는 유명한 역학자에게 점을 봤다는데 그때에 나온 점괘가 주역(周易) 64괘의 하나인 간위산(艮爲山)이었다고 한다. 이 점괘는 첩첩산중이며 비명횡사할 운세라고 한다.

일본 점쟁이가 '간(艮)'자가 들어가는 사람이나 장소에는 만나지도 가지도 말라'고 충고를 했다는데, 안중근(安重根)의 이름에 문제의 획수가 들어 있다는 것이다. 이등박문은 총에 맞아 죽으면서 자신을 쏜 사람이 누구냐고 물었다고 하는데 과연 그는 운명으로 받아들였을까 아니면 끝내 후회 속에 죽어 갔을까?

과연 사람은 자기의 운명을 예감할 수 있을까?

조선 성종은 왕비 연산군의 어머니 윤씨를 폐하고 그에게 사약을 내려야 하는 중대한 문제를 의논하기 위해 종신회의를 열게 했다. 이러한 중대한 회의에 참석해야 할 허종과 허침 형제는 어떻게 할 지 난감했다. 그런데 이들 형제는 이러한 미묘한 문제가 생기면 언제나 누님을 찾아가 상의를 하곤 했다.

이번에도 누님에게 의견을 물었다.

"아무래도 후환이 두렵구려. 차라리 병이 났다고 둘러대고 그 자리를 피하는 것이 좋을 것이네. 하여튼 알아서 하시게."

이 말을 들은 형제가 돌아오는 길에 청계천 당주교 위에 이르자 허종이 갑자기 낙마를 해서 개천에 빠졌다. 뒤에 오던 허침도 형을 구하겠다고 황급히 말에서 떨어져 물에 빠졌다. 이렇게 일부러 낙마를 하여 다리를 다친 형제 대신은 입궐을 하지 않고 집에서 자리를 깔고 드러누웠다.

그 일이 있은 후 다시 정변이 일어나자 중신들 중에 허종, 허침 형제만이 화를 면할 수 있었다. 그런 재앙을 무사히 넘긴 사실이 이야깃거리가 되자 그 다리 이름까지 '종침이 다리'라고 일컬어지게 되었다.

그 후 허종은 예조판서와 병조판서를 거쳐 연산군 때는 좌의정에 이

110

르렀다고 한다.

육탄 '버저비터'

'버저비터'라는 말이 있다. 농구 경기에서 선수가 제한 시간 종료 신호음과 동시에 슛한 볼이 골인되는 것을 말하는데, 성공하는 순간 선수는 물론 관중들도 그 기막힌 스릴에 환호성을 터뜨린다. 선수가 최후의 순간까지 포기하지 않고 전력투구(全力投球)하여 짜릿한 스포츠 드라마를 연출해 낼 때마다 우리는 아낌없는 성원의 박수를 보내게 된다.

기원 전 1015년 유럽에 헬레몸 오닐이라는 유명한 해적이 있었다.

노르만의 이 해적 두목은 북아일랜드의 해안 지방을 점거하기 위하여 해상 원정대를 조직했다. 이 원정대에는 이름은 전해지지 않았으나 또 한 사람의 북유럽 해적 두목이 경쟁자로 있었다. 이들 두목은 어느 쪽이든 새 영토에 먼저 몸이 닿는 사람이 그 나라의 국왕이 되기로 약속을 했다.

양편의 배는 동시에 출발하여 목적지가 보이는 곳까지 비슷하게 왔다. 그런데 갑자기 상대방이 속력을 내어 앞서기 시작했다. 육상 경기 마라톤에 비유하자면 스퍼트를 한 셈이다. 오닐의 군사들도 필사의 노력을 했으나 그만 선두를 빼앗기게 되었다. 오닐은 하는 수 없이 최후의 수단을 감행했다.

그는 오른손을 칼로 내려쳤다. 피가 뚝뚝 떨어지는 손목을 뭍을 향해 힘껏 던졌다. 던져진 그의 오른손은 커다란 포물선을 그리며 경쟁자의 손보다 한순간 앞질러 육지에 닿았다. '육탄 버저비터'가 성공한 것이다.

이로써 오닐은 북아일랜드 알프스 지방의 초대 국왕이 될 수 있었고, 그로부터 시작된 오닐 왕조는 오랫동안 군림했다. 그리고 그의 피 묻은 오른손은 이 지방의 문장인 '방패 속의 적십자 한가운데 있는 또 다른 방패 속의 오른손'으로서 오늘도 국기로 나부끼고 있다.

마음으로 구해야 한다

빗나간 한탕주의

재물이란 방편을 쓰면 구할 수도 있겠지만, 구해서는 안 될 것을 억지로 얻으려 해서 얻어지는 것이 아니다. 수분(守分)이면 복을 지킬 수 있으며 과분(過分)이면 화를 면하기 어려운 법이다.

김모(36)씨는 5년 전 신경정신과 격리 병실에 강제 입원당했다. 경마에 전 재산을 날리고 근무하던 은행의 공금까지 손댄 '도박병' 때문이었다. 상고를 졸업하고 10년째 은행에 다니던 그는 어려운 가정형편에 두 동생을 대학까지 보낸 착실한 가장이었다. 그러나 입원하기 3년 전인 91년부터 그는 파멸의 늪에 빠져들고 있었다. 친구 따라 경마장에 갔다가 1만 원권 한 장이 수십 배로 느는 짜릿한 느낌에 이성을 잃은 것이다.

그뒤 가족 몰래 월급을 경마장에 바치기 시작했고, 결국 집을 날리고 1억 원이 넘는 은행 돈을 빼돌리기에 이르렀다. 이혼과 파면이라는 대가를 치렀지만 '한 번 크게 따면 해결된다' 는 환상을 버리지 못했다. 결국 그는 병원 신세를 지게 되었다.

도박병 환자나 알콜 중독증 또는 담배를 심하게 피는 '골초' 가 갑자기 끊으면 다양한 금단 증상을 잃으킨다고 한다. 항우울제 등 약물치료를 받으며 신경정신과 전문의와 상담을 반복한 결과, 주사(酒邪)가

심하고 무능력한 아버지와의 불화, 그리고 장남인 자신이 가족을 먹여 살려야 한다는 부담감이 그를 '한탕주의'에 물들게 하여 결국 경마에 빠지게 한 원인이 된 것이라 한다.

2년이 넘는 치료끝에 그는 아내와 재결합하고 작은 무역회사에 취직을 했고, 다시 1년 뒤 모든 치료를 마쳤다고 한다. 한 순간의 방심으로 일탈한 것이 본인은 물론 가족에게까지 엄청난 희생을 불러온 것이다.

악의 근원은 돈 그 자체가 아니고 돈에 대한 집착이 문제인 것이다. 옛날 한 선비가 돈을 두고 지은 가사가 생각나 옮겨 본다.

구구히 구하려 하면 천하장사라도 힘으로 구할 수 없고,
돈을 좋은 데 쓰면 어리석은 이라도 유명하게 되누나
부자는 돈이 나갈까 걱정 가난뱅이는 벌려고 애를 쓰니
인간의 백발을 돈이 들어 만드네

區求壯士終無力　善用愚夫必有名
富恐失財貧願得　人間白髮此錢成

감사하는 마음에 축복이

배은망덕(背恩忘德)이라는 말도 있듯이 은혜를 받을 줄만 알고 그것을 보답할 줄 모르는 사람은 가치가 없는 사람이라 하겠다.

미국의 성공한 실업가 카네기는 '감사를 표하는 자녀를 가지려면 부모가 먼저 감사할 줄 아는 인간이 되어 몸소 실천해 가는 데 있다'고

하여 어릴 적부터 감사하는 생활을 몸에 익히게 했다.

미국의 초등학교 교과서에 다음과 같은 이야기가 실려 있다고 한다. 독일에 대 기근이 있을 때 많은 사람이 먹을 것이 없어서 고통 속에 살아가게 되었는데, 한 부자 어른이 20여 명의 아이들을 불러놓고 이렇게 말했다고 한다.

"이 자루 속에는 너희들이 한 개씩 가져갈 수 있는 빵이 들어 있다. 그러므로 빵을 한 개씩만 가지고 가거라. 그리고 기근이 끝날 때까지 매일 와서 빵을 가져가도 좋다."

굶주린 상태에 있었던 어린이들에게 매우 기쁜 소식이 아닐 수 없었다. 이윽고 부자는 빵자루를 풀어 놓았고 아이들은 앞을 다투어 큰 것을 가지려고 애썼다. 그리고 힘이 제일 센 아이부터 큰 것을 골라 주인에게 고맙다는 인사도 잊은 채 어디로 가 버렸다.

그런데 이 광경을 가만히 보고 있던 그레첸이라는 어린 소녀가 있었다. 그는 맨 마지막에 그 자루 속에서 마지막 남아 있는 빵 하나를 집어들고 기쁜 얼굴로 부자 앞으로 와서 "할아버지 빵을 주셔서 감사합니다." 하고 진심으로 뜨거운 감사를 드리고 집으로 돌아갔다.

그 다음 날에도 어린이들은 같은 자리에 다시 모였다. 그날도 할아버지는 빵자루를 풀어 놓았고 그리고 아이들은 또 앞을 다투어 큰 것을 가지려고 한바탕 소동을 치러야 했다.

그레첸 소녀는 어제와 마찬가지로 가장 마지막에 남은 가장 작은 빵 하나를 집어들고 부자 할아버지에게 "할아버지, 감사합니다. 오늘도 이 빵을 주셔서 정말 감사합니다."라고 감사를 드린 뒤 자기 집으로 갔다.

그레첸이 작은 빵조각을 어머니와 함께 먹으려고 빵 조각을 나누는 순간 빵 속에서 은화 6개가 빛나고 있었다. 놀란 어머니와 소녀는 그것을 부자 할아버지에게로 가지고 가서 사실 이야기를 했다.

그때 부자 할아버지는 말하기를 "그 빵은 틀림없이 너의 것이다. 감사할 줄 아는 너를 보면서 너에게 주려고 가장 작은 빵 속에 은화를 넣고 구웠단다."

8

최후에 웃는 자

운명의 착시현상

'남의 떡이 커 보인다'는 말이 있는데, 이미 내게 있는 것, 내가 이룩한 것에 대해 만족하지 못하거나 자신이 없을 때 갖게 되는 부정적 사고 방식의 하나라 하겠다.

세상을 살다 보면 열받고 분통 터지는 일이 어디 한 두 가지겠는가.

'남들은 저렇게 잘 나가는데'

꽉 막힌 도로!

"옆 차로의 차들은 잘도 빠지는데, 왜 내 차로는 이렇게 막히는 거야."

운전을 하다 이런 경험을 안 해본 사람은 아마 없을 것이다. 그렇다고 잘 빠지는 차로로 바꾸면, 갑자기 그 차로만 뒤처지기 시작하니 답답하기도 하겠다.

그러나 이런 일도 냉정히 생각해 보면 일종의 자기 착각에 의한 현상일 뿐이라 한다. 과학자들의 말로는 '착시현상'이라고 한다. 문제의 비밀은 내가 남의 차를 추월하는 시간과 남이 나를 추월하는 시간의 차이에 있었던 것이다.

예를 들어 꽉 막혀있는 두 개의 차로가 있으면, 내 차로의 차들이 빠지기 시작하면서 나는 순식간에 다닥다닥 붙은 옆의 차 10대를 추월했다. 잠시 후 내 차로는 다시 막혀 차간 거리가 좁혀졌고, 옆의 차들은 듬성듬성 차간 거리가 넓어지면서 10대의 차들이 천천히 차례차례 내 차를 추월해 나갔다. 문제는 내가 10대를 추월하는 데 걸리는 전체 시간이, 10대의 차들이 나를 추월해 간 전체 시간보다 짧다는 것이다. 결국 운전자 '나'는 항상 많은 시간 동안 남에게 추월만 당하고 있다고 느끼고, 이 때문에 자신의 차로가 항상 뒤로 밀리는 느낌을 갖게 된다는 얘기가 되는 것이다.

'하나를 보면 열을 안다'는 성질 급한 한국인이고 보니 "왜 내 차선만 항상 막히는거야!" 하며 신세타령을 하게 되나 보다.

전생의 '빽'

한 지혜로운 임금에게 외동딸이 있었는데, 안타깝게도 무서운 병에 걸렸지만 약이 없었다. 그래서 임금은 자기 딸의 병을 낫게 하는 자에게 딸을 주고, 다음 왕으로 삼겠다는 포고를 내렸다.

아주 먼 변방에 세 형제가 살고 있었는데, 맏형이 망원경으로 포고문을 보았다. 세 형제는 공주의 병을 낫게 해 주자고 의논했다.

둘째는 마술 융단을 갖고 있었고, 셋째는 마술 사과를 갖고 있었다. 이 마술 사과를 먹으면 무슨 병이라도 씻은 듯이 나을 수 있었다.

그래서 세 형제가 마술 융단을 타고 왕궁으로 가서 공주에게 사과를 먹이자 공주의 병은 깨끗이 나았다. 모두들 매우 기뻐하는데, 임금이 큰 잔치를 베풀어 새로운 왕위 계승자를 발표하려 했다.

그러자 맏형이 나의 망원경이 없었다면 우리들은 공주가 아픈 사실도 모르지 않았겠느냐고 주장했고, 둘째는 마술 융단이 없었다면 이렇게 먼 곳까지 도저히 올 수가 없다고 말했으며, 셋째는 만약 사과가 없었다면 병은 고칠 수 없었다고 말했다.

그러는 가운데 '사과를 가진 사나이'가 왕위 계승자로 결정되었다. 왕이 셋째를 택한 이유를 말했다.

"융단을 갖고 있는 자는 융단을 그대로 갖고 있으며, 망원경을 갖고 있는 자도 그대로 지니고 있다. 그러나 사과를 바친 자는 아무것도 남긴 게 없다. 모든 것을 한 가지에 전부 거는 그것이 가장 훌륭하노라."

당신의 생각은 어떠한가?

작년 7월 경찰청은 탈옥수 신창원을 검거하는 데 공을 세운 경찰관 6명을 1계급 특진시켰다. 특진된 경찰관들의 면면을 살펴보면 다음과 같다.

먼저, 신창원이 전남 순천에 나타났다는 전화 신고를 꼼꼼히 받아 전남 경찰청 상황실로 신속히 전달한 서울경찰청 112신고센터 최 순경(29, 여), 아파트 베란다로 진입해 신을 제압하고 검거한 순천경찰서 수사과 이 경사(46), 정(39)·김(37)경장, 아파트 현관으로 진입해 검거를 지원한 김경장(43), 장순경(30) 등이다. 이 모든 일을 성사시킨(?) 주인공은 바로 신의 소재를 신고한 광주 동구에 사는 가스수리공 김모(30)씨로 신고 현상금과 함께 경찰관으로 특채되어 근무하고 있다.

신창원을 검거하겠다고 죽기 살기로 쫓아다닌 사람은 '닭 쫓던 개 신세'가 되고, 생각도 않던 '굴러들어온 봉'으로 행운을 잡은 사람은 정작 따로 있었으니 아직도 볼멘 소리가 들리는 것 같다.

"젠장, 운명의 여신도 '빽'이 있어야 하나!"
"당연하지요. '빽'도 전생의 복 아닙니까."

신앙도 인연인 것을

집에 혼자 있다 보면 문을 두드리는 사람이 많다. 고요히 참선(參禪)을 하고 있을 때는 방해가 되기도 한다. "예수님 믿으시고 천국 가세요. 구원 받으세요." 하며 전도하러 오는 사람들이다.

가부좌를 틀어 금방 일어날 수 없어서 그냥 앉아 있노라면 출입문 틈에 전도지를 끼워 놓고 그냥 간다. 문을 열어 주면 교회 안내가 찍힌 큼직한 티슈를 주고 간다. 하루가 멀다하고 찾아오니 정말이지 미칠 노릇이다. "나는 부처님 믿는다" 해도 "부처도 하나님이 만든 사람이다" 하며 들은 척도 않는다. 보험이나 물건 사라고 하면 눈 딱감고 하나 들든지 사든지 하면 그만이련만, 이건 그럴 성질도 아니고 정말이지 미칠 노릇이다.

하도 설교를 듣다 보니 '말씀'에 관한 한 나도 '예수쟁이' 못지않게 된 것 같다. 글을 쓰는 입장이라 내게 필요한 얘기는 하나 둘씩 모아 두게 되는 것이다.

듣기로 성경에 간통하다가 붙잡힌 여인이 있었다 한다. 그녀를 둘러싼 군중들은 손에 돌을 들고 간통한 여인을 치려고 했다. 그때 예수께서 군중을 향하여 "너희 중에 죄없는 자가 이 여인을 돌로 쳐라."고 할 때, 그들은 하나둘씩 돌을 내려놓고 어디론가 사라졌다고 한다.

지금 나는 어떠한가?

저들은 오늘도 나타나 불쌍한(?) 나를 구원하겠다고 사랑의 복음을
들려준다. 나를 응시하는 그들의 눈빛은 '오, 길 잃은 고아' 동정 그 자
체다.

오, 나무 관세음보살마하살.

나의 18번 '수행의 행진곡'으로 마음을 돌린다.

홀로 행하고 게으르지 말며

비난과 칭찬에도 흔들리지 말라

소리에 놀라지 않는 사자처럼

그물에 걸리지 않는 바람처럼

진흙에 더럽히지 않는 연꽃처럼

무소의 뿔처럼 혼자서 가라.

- 숫타니파타경

제4부

행 · 불행은 팔자소관이 아니다

1

인생경영의 사고방식

누구를 탓할 것인가

우리는 이 세상을 살면서 흔히 어떤 좋지 않은 일이 일어났을 때, '내가 무엇을 잘못해서 이런 일이 일어났는가?' 하면서 자신의 책임을 먼저 따지지 않고 누구 때문에 그런 일이 일어났는지 남에게 책임을 전가하려고 한다.

'삼풍백화점 붕괴'라는 대형참사 사건(1995년 6월 29일)이 있은 지 4년이 되는 1999년 6월 30일 새벽에 또 다시 '씨랜드 화재사건'이라는 대형참사가 일어났다. 이 대형참사를 보면서 가족 중에 희생자가 생긴 신앙인이 있다면 그들은 무슨 생각을 했을까? 혹시 '왜 내게 이런 불행이' '어떻게 이런 일이 일어날 수 있을까? 하느님이 정말 있는가? 하느님이 계시다면 도대체 무엇을 하고 계신가?' 하면서 운명을 원망하고 하느님 존재를 의심하지는 않았을까?

《논어》에 "군자는 모든 것을 자기 책임으로 여기고 반성하지만 소인(小人)은 남에게 책임을 돌리고 남을 꾸짖고 남에게 구한다"고 했다.

박화성이 1935년에 발표한 단편소설 《홍수전후(洪水前後)》가 생각난다. 소작인의 아들로 태어나서 소작인이 된 아들을 가진 송씨는 영산강가에서 농사도 짓고 거룻배 두 척으로 고기잡이를 하며 생계를 이어가고 있는데, 한여름 장마 때마다 물난리로 갖은 고생을 치르게 된다.

그때마다 송씨는 모든 것을 팔자 소관으로 여겼고, 유산이라고는 영양 부족밖에 받은 것이 없는 아들 윤성은 아버지에게 높은 곳에다 집을 짓고 수마(水魔)를 피하도록 지주인 허 부자에게 간청하도를 졸랐다. 그러나 송씨는 아들에게 오히려 그것은 염치없는 짓이라고 나무랐다.

그러던 중, 30년 만의 대홍수를 또다시 겪게 되었다. 닷새 동안 밤낮으로 비가 퍼부어 영산강 물이 넘치고, 인근의 평야와 전답이 모두 물에 잠길 때, 친구들이 높은 데로 몸을 피하라는 권고도 물리치고 송씨는 거룻배와 더불어 물을 피하려고 했으나 거센 물결에 배와 집과 가축을 잃었다. 더구나 11살짜리 딸 쌀례가 물결에 휩쓸려 떠내려가고 말았다.

모든 것을 잃어버린 송씨는 수마가 지나간 집터와 쌀례가 먹고 싶어 하던 참회, 수박 밭을 바라보며 통곡을 금치 못했다. 송씨는 앉아서 천리(天理)를 기다릴 것이 아니라, 자식의 말대로 스스로 삶을 개척해야 한다고 뒤늦게나마 결심해 보는 것이다.

운명의 메시지

불행은 위대한 스승이지만 그 수업료가 너무 비싼 게 흠이다. 이른바 '젊어 고생은 사서도 한다' 며 위로하고 격려하지만 사서 하는 고생이 도를 넘어 '바가지' 를 쓰는 경우가 허다하니 그것이 불행이라면 불행이다.

14세기 이탈리아의 문호 복카치오의 작품에 《데카메론》이 있다. 제목의 뜻은 그리스어로 '10일 간의 이야기' 인데, 당시 피렌체에 유행한 페스트라는 악질병을 피하기 위하여 어떤 별장으로 피신한 3명의 청년과 7명의 숙녀가 심심풀이로 한 사람이 한 가지씩 10일마다 교대로 이야기한 것을 엮은 것이라 한다.

그 속에 나오는 휘델리오라는 청년이 과부가 된 모나귀부인을 사모하고 있었다. 휘델리오는 부인을 만나기 위해 동네 귀족들을 모두 초청하는 파티를 자주 열었다. 이런 파티를 열어야만 그 틈에 부인을 한 번이라도 더 가까이서 만날 수 있었기 때문이다. 이렇게 호화 파티를 열다가 청년은 가산을 탕진하고 말았다. 유일하게 남은 것이라고는 사냥에 쓰는 매 한 마리뿐이었다. 그는 이제 매를 데리고 사냥을 하여 하루하루 연명할 수밖에 없는 비참한 처지가 되고 만 것이다.

그때 그 귀부인의 어린 아들이 이 청년을 졸졸 따라다니며 같이 사냥을 즐겼다. 그러던 중 이 어린이가 중병에 걸려 앓게 되어 어머니의 속을 태웠다. 하루는 어머니가 아들에게 "너 소원이 무엇이냐?"고 묻자 어린이는 청년의 매를 가지고 싶다고 답했다. 어머니는 다 죽어가는 아들의 마지막 소원을 들어주고 싶어 청년의 집을 방문했다.

사모하던 부인의 방문을 받은 청년은 황홀하여 어찌할 바를 몰랐다. 부인에게 귀한 것을 대접하고 싶은데 가산을 탕진한 터라 마땅히 대접할 만한 것이 없었다. 그래도 집안에 있는 것을 다 찾아 점심을 준비했다. 점심을 맛있게 먹은 부인은 앓는 아들 이야기를 꺼내며, 아들이 청년의 매를 가지고 싶어한다고 털어놓았다. 그러자 청년은 부엌으로 가더니 매의 발톱과 깃털을 가지고 돌아와 울먹였다.

"대접할 것이 없어 생각다 못해 매를 잡았노라."고

2

생각하는 갈대의 운명

발버둥치는 가운데

인생에는 세 개의 문이 있다고 생각한다. 하나는 과거로 통하는 문이고, 또 하나는 현재로 통하는 문, 마지막은 미래로 통하는 문이다. 이 세 개의 문 가운데 어느 한 문도 닫혀 있어서는 곤란하다. 그리고 어느 문 안에나 보물 상자가 들어 있다는 희망을 가지고 노력하는 것이 최선이라는 말을 하고 싶은 것이다. 두려움 · 소심 · 무기력 · 공포 · 절망 따위와 싸우는 일보다 희망을 갖고 나아가는 편이 훨씬 행복의 문에 접근하기 쉽다는 것을 믿어야 한다.

개구리 세 마리가 어쩌다 우유통 속에 빠져 버렸다. 첫째 개구리는 모든 것이 다 팔자 소관이라고 생각하여 꼼짝도 하지 않았고, 둘째 개구리는 어쩔 도리가 없다고 생각하여 손도 써보지 못한 채 죽고 말았다. 그러나 셋째 개구리는 비관하지 않고 현실을 직시하는 태도를 취했다. '내가 실수를 했군. 어떻게 하면 좋을까? 무슨 방법이 있을텐데' 하며 코를 우유통 위로 내밀고 뒷발로 차분히 헤엄쳐 보았다. 그러는 동안 무엇인가 단단한 것이 발에 닿았다. 개구리가 헤엄치면서 우유를 휘젓는 사이에 버터가 되어 그 위에 올라서게 된 것이다. 그래서 셋째 개구리는 우유통 속에서 무사히 빠져나올 수 있었다.

'탈무드'의 지혜로, 누구든지 절망하지 않고 헤엄치고 노력한다면 언젠가는 반드시 성공할 것임을 보여 주고 있다.

'인도와도 바꾸지 않겠다'는 영국의 자랑 세익스피어만 해도 처음부터 위대한 작가가 되겠다고 작심을 하지는 않았다 한다. 이른바 '준비된 작가'는 아니었다는 것이다. 처음 작품 하나하나에 걸작을 남기려고 뼈를 깎는 공을 들이지도 않았다. 그는 다만 빵과 생활비를 얻어 보겠다고 해서 작품을 썼다.

처음부터 위대한 계획을 세우고 노력한 끝에 위대한 업적을 남긴 위인도 물론 있지만 사람의 일이란 늘 생활과 먼저 연결되어 있는 법이다. 먼저 생활에 충실하자. 그 속에서 자기의 진정한 힘이 발견될 것이다.

아름다운 잔디의 비밀

신문을 펼치니 한 종교 단체의 광고문이 눈길을 끈다.

"그러므로 수도인 여러분께서는 작금의 어려운 상황에 용기를 잃지 마시고 우공이산(愚公移山)의 정신으로 더욱더 화합하고 단결해서……."

여기서 말하는 '우공이산'이란 무슨 뜻인가?

독일이나 영국 등 유럽에는 몇백 년의 전통을 가진 대학들이 많다. 이런 대학 중 어느 하나에 우리나라의 한 관광객이 들렀다고 한다. 캠퍼스에 들어서자마자 그는 우선 아름다운 잔디에 넋을 잃고 말았다. 자기 집 정원에 잔디를 심고 곱게 가꾸려고 무진 애를 써 봤지만 잘 되지 않아 고민하던 터였다. 그래서 카페트를 깔아 놓은 듯 촘촘히 깔린 잔디에 찬사를 보내지 않을 수 없었다. 담배 꽁초, 우유통, 커피컵, 휴지 등 각종 쓰레기로 덮인 우리나라·대학 캠퍼스의 그것과는 비교도 안 되는 것이다.

그때 마침 저쪽에서 한 장년의 남자가 땀을 뻘뻘 흘리며 잔디를 깎고 있었다. "옳지, 저 정원사에게 잔디 기르는 비법을 물어봐야겠군" 하며 관광객은 그에게 손짓을 하여 말을 걸었다. "정원사 아저씨, 잔디가 무척 아름다운데, 어떻게 하면 이런 잔디를 기를 수 있는지 그 비법을 좀 가르쳐 주시오." 그러자 정원사는 "잔디 가꾸기에 무슨 비법이 있겠소?" 하고 반문하더니 다시 일을 계속했다.

관람객은 작은 뇌물작전을 써서라도 잔디 가꾸는 비법을 배워가겠다고 마음먹고, 10달러짜리 지폐를 정원사의 주머니에 찔러 주었다. 정원사는 곧 일을 끝내고, "저기가 우리 집인데, 가서 커피나 한잔 하시죠" 하며 자기 주머니에 꽂힌 돈을 꺼내 되돌려 주었다.

"나는 이 대학 총장이오."

깜짝 놀란 관광객은 백배사죄하면서 그를 따라가 커피 대접을 받았다. 자기는 잔디를 이렇게 곱게 키우질 못해서 이곳의 비법을 알고 싶어 실례을 했다고 용서를 빌었다. 그러자 총장은 눈을 깜박거리며, "가물면 물을 주고, 자주 잡초를 뽑아 주고, 가끔 비료도 주면서 500여 년을 가꾸면 이렇게 될 겁니다" 하고 대답했다.

관광객은 할 말을 잃었다. 잔디 기르기에 비법이 없듯이, 성공이다 행복이다 하는 것도 꾸준히 우직하게 노력하고 가꾸어 가는 가운데 아름다운 결실이 있음을 배워야 할 것이다.

이것이 열자(列子)에 나오는 '우공이산'의 교훈일 것이다.

3

합리론과 운명론의 갈등

반드시 밀물 때가 온다

일본의 인기 작가이자 연출가인 나키타니 아키히로는 평생을 바다에서 지낸 늙은 어부 한 분을 알고 있었다. 바로 '휘파람을 부는 노인'이다. 따가운 햇살과 거센 바닷바람 속에 단단히 단련된 그 어부는 구릿빛 피부가 검붉게 변해 버렸고, 온몸엔 언제나 비릿한 냄새가 배어 있었다.

가을 어느 날 아키히로는 오랫동안 매달렸던 책의 집필을 끝내고 머리도 식힐 겸 여행을 다녀올까 생각하던 중 문득 그 노인을 떠올리게 되었다. 다음 날 그는 간단하게 짐을 챙겨 곧바로 늙은 어부가 사는 바닷가 마을로 찾아갔다. 마을에 도착했을 때 마침 어부는 고기잡이를 막 끝내고 바다에서 돌아오는 참이었다. 멀리서 그를 알아본 어부는 그를 향해 힘껏 손을 흔들었다. 그 역시 배를 대기 위해 선착장 쪽으로 다가오는 어부의 고깃배를 향해 힘차게 손을 흔들어 주었다. 그는 멀리서도 고깃배 안의 어부가 하늘을 올려다보며 휘파람을 불고 있다는 사실을 알 수 있었다. 휘파람을 부는 일은 어부의 주특기이자 취미였던 것이다.

잠시 후 어부는 선착장에 배를 댄 뒤 그에게 소리쳤다.

"조금만 기다리게, 잡아온 고기를 꺼내 놔야겠네."

어부는 그날 종일 잡은 고기를 선착장 한쪽·창고 바닥에 늘어 놓았다. 그러나 어부가 하루 동안 잡은 고기의 양은 다른 어부들에 비해 너무나 형편없이 적었다. 그는 위로라도 할 겸 어부에게 말을 걸었다.

"오늘은 어째 운이 없나 봅니다. 고기가 많이 잡히지 않았네요."

그러자 어부는 호탕하게 웃으며 대답했다.

"어부생활 40년이라네! 만선일 때보다 공치는 날이 훨씬 더 많은 걸. 하지만 걱정없다네. 내일이 있잖는가?"

말을 마친 어부는 또 한 번 흥겨운 콧소리를 섞어가며 휘파람을 불었다. 늙은 어부의 휘파람 소리는 찬란한 바다 물결을 타고 멀리멀리 흩어져 갔다.

불교에서는 인생을 고해, 즉 고통의 바다라고 하는데 우리는 이 어부의 고단한 삶 속의 여유로움과 내일에 대한 은근한 희망을 느낄 수 있을 것이다.

믿음과 신앙 사이

인생에 있어서 믿음이나 신앙은 참으로 신비스러운 것임에 틀림없다. 그것은 강력한 원동력으로서 저울에 그 무게를 달아볼 수도 없고 도가니에다 그 강도를 시험해 볼 수도 없기 때문이다.

철학자 쇼펜하우어는 '가뭄이 계속되어 기우제를 지내려고 할 때, 돌아오는 길에 비를 맞지 않도록 우산을 준비해 가지고 가는 사람이 있다. 이것이 신앙이다.' 라고 했다.

한 젊은 크리스찬이 체계적인 성서 공부 하는 것을 싫어했다.

그래서 매일 아침마다 성서를 되는대로 펼쳐서 맨 처음 눈에 들어오는 구절이 바로 하느님이 자기에게 주는 말씀으로 받기로 했다.

그러던 어느 날 그는 조심스럽게 성서를 펼쳤다. '유다는…… 물러가서 스스로 목매어 죽으니라' 였다. 그러나 그는 이 말씀이 그를 위해 주는 말씀으로 받아들일 수가 없었다.

그는 다시 조심스럽게 성서를 펼쳤다. 그러자 그의 눈에 확 들어온 두 번째 성서구절이 있었는데, '가서 너도 이와 같이 하라' 였다. 그러자 그는 불안하기 시작했다. 마지막으로 한 번만 더 성서를 펼쳐 보기로 했다. 그리고 신중하게 떨리는 손으로 성서를 폈다.

성서를 편 세 번째에 맨먼저 들어오는 성서 구절은 '네 하는 일을 속히 하라' 였다고 한다.

이 젊은이는 성서를 가지고, 여학생들이 특히 좋아하는 책갈피 점(占)을 친 셈인데 게으른 사람이나 잘못된 신앙을 갖고 있는 자를 두고 한 말일 것이다. 대개 머리 똑똑하고 젊은 사람일수록 의심이 많고 깊은 신심을 갖지 못하는 것 같다.

4

행운과 불운의 갈림길

사람이 하기 어려운 일

'돼지꿈이 불행의 시작일 줄이야…….'

귀금속 행상을 하던 A씨(50)은 넉넉하지는 않았지만 성실한 가장이었다. 1978년에 결혼해 삼남매를 두었다. 그러던 1984년 7월 어느날, A씨에게 행운이 찾아왔다.

"돼지꿈을 꾸었으니 좋은 일이 있을 것 같다"는 부인(46)의 말을 듣고 구입한 주택복권이 1등에 당첨된 것이다. 1억 원을 횡재한 A씨는 세금을 뺀 8,400만 원으로 건물을 사들여 어엿한 건물주가 됐다. 서너 차례 부동산을 사고 팔아 2억 원이 넘는 재산을 모았다.

복권 덕택에 집안 살림을 넉넉해졌지만 뜻밖의 불행이 찾아왔다. 성실했던 A씨가 부인 이외에 다른 여자들을 만나기 시작한 것이다. 알뜰했던 남편은 점차 씀씀이도 커져 재산을 많이 날리게 됐다. 부인에게 생활비도 제대로 주지 않았고, 폭행을 일삼다 1998년에는 법원에서 실형을 받기도 했다.

결국 부인이 작년 초 법원에 이혼소송을 내기에 이르렀다. 이에 대해 서울 가정법원은 "남편의 폭행으로 더 이상의 결혼생활을 유지하기가 어렵다고 판단되니 두 사람은 갈라서라"고 판결했다.

'사람팔자 시간문제다' 하더니 사람 변하는 것도 순식간인 것 같다.

그래서 제아무리 잘난 사람도 제아무리 못난 사람도 하기 어려운 스무 가지가 있다 했다. 가난하고 궁핍하면 적선하기 어렵고, 돈 많고 지위가 높으면 도(道)를 배우기 어렵고, 목숨을 버려 죽기를 기약하기 어렵다. 살아서 부처님의 신앙을 만나기 어렵고, 경전을 얻어보기 어렵다. 색심과 욕심을 참기 어렵고, 좋은 것을 보고 갖고 싶은 생각을 내지 않기 어려우며, 욕을 얻어먹고 성내지 않기 어렵다. 그리고 권세를 잡으면 뽐내지 않기 어렵고, 일을 당해 무심하기 어렵다.

널리 배워 두루 연구하기 어렵고, 아만을 버리기 어려우며, 무식한 사람을 깔보지 않기 어렵다. 바른 스승을 만나기 어렵고, 자성(自性)을 보아 도를 배우기 어려우며, 인연따라 교화하여 사람을 구제하기 어렵고, 어떤 시험을 당해 움직이지 않기 어려우며, 방편을 잘 알아 깨우치기 어렵다.

사고방식의 차이가 문제

송(宋)나라 때 저공(狙公)이 원숭이를 기르고 있었다. 워낙 많은 원숭이를 기르다 보니 먹이를 댄다는 것이 쉬운 일이 아니었다. 그렇다고 정성들여 길러왔던 원숭이들을 내다 팔기도 싫었다. 계속 기르자니 힘이 벅차고 이리저리 궁리끝에 당분간 원숭이들의 먹이를 줄이기로 했다. 저공은 오랫동안 원숭이를 키워 온지라 원숭이들의 마음을 알 수 있었고 원숭이들 또한 주인의 생각을 아는 경지까지 이르렀다.

어느 날, 저공은 원숭이들에게 조심스럽게 물었다.

"이제부터는 너희들에게 주는 도토리를 좀 제한하여 아침에는 세

개, 저녁에는 네 개 주겠다."

그랬더니 우리 안의 원숭이들은 펄쩍 뛰었다. 아침에 3개, 저녁에 4개 먹고서는 배가 고파 어떻게 사느냐고 마구 떠들었다. 원숭이들의 생각을 알아차린 저공은, "음, 좋다. 그러면 아침에 4개 저녁에 3개씩 주겠다. 어떠냐?" 했더니 원숭이들은 모두 괜찮다고 고개를 끄덕끄덕했다. 열자(列子)가 이를 평했다.

"조삼모사(朝三暮四)나 조사모삼(朝四暮三)이나 실은 같은데 원숭이들은 조삼을 싫어하고 조사를 좋아했다. 지자(智者)가 우자(愚者)를 농락하고 임금이 백성을 농락하는 것도 저공이 원숭이를 농락하는 것과 같다."

그러나 이 얘기 속에서 우리가 원숭이를 어리석다고 말하는 것은 너무 인간 위주의 생각, 즉 인상(人相)이 아닌가 하는 생각이 들기도 한다. 원숭이가 됐든 사람이 됐든 이런 경우 결정하는 것은 생각하는 성향에 달렸다. 자신이 처한 상황이 불가능하거나 부정적으로 보면 조사모삼을, 자신이 처한 상황이 유리하거나 긍정적으로 보면 조삼모사를 선택할 것이다. 이것을 달리 말하면, 전자는 내일을 믿지 아니하고 오늘 짧게 살겠다는 입장이고 후자는 내일을 믿고 길게 살겠다는 입장이라 할 것이다. 이런 데서 합리론이니 운명론이니 하는 사고방식이 나오게 되는 것이다.

장점과 단점의 차이점

사람에겐 '아킬레스의 근(筋)'과 같은 신체적 약점 이외에도 많은 약점이 있을 수 있다. 그런 약점이나 장점에 소심하지 않고 교만하지 않고 현명하게 대처하는 지혜가 있어야 할 것이다. 그래야 '약점도 아름다워라' 가 되기 때문이다.

미국 17대 대통령 앤드류 존슨은 3세 때 아버지를 잃었고, 너무 가난하여 정규 학교를 다니지 못한 사람이다. 나중에 그는 링컨 대통령 시절 부통령직을 지냈다. 그리고 링컨이 암살당한 후 그의 잔여 임기를 대통령으로 보낸 다음, 제17대 미국의 대통령 후보로 출마했다. 그때 반대당에서는 "일자무식으로 초등학교도 못 나온 양복장이 주제에 어떻게 미합중국의 대통령이 될 수 있겠는가?"라고 비난의 화살을 퍼부었다. 그러나 존슨은 멋진 답변을 함으로써 상대의 인신공격을 잘 피할 수 있었다.

"예수 그리스도도 초등학교에 다녔다는 기록이 없을 뿐만 아니라 더욱이 그분은 목수이지 않았는가?"

이렇게 그는 적들이 퍼붓는 비난의 화살에도 자신의 아킬레스 근인 학력의 약점을 잘 보호함으로써 무난히 미국 대통령으로 당선되었다. 대통령 재직시 미국이 전 세계 부의 70%를 좌우하게 되는데 절대적인 영향을 미치는 알래스카를 구소련으로부터 단돈 720만 달러에 사들이기도 했다.

빙설로 덮여있는 쓸모없는 그 땅이 수많은 천연자원을 매장하고 있을 줄이야! 그것을 안 존슨의 선견지명에 감탄하지 않을 수 없다. 더구나 그는 초등학교도 못 나오지 않았던가!

살아남는 자의 위기 관리

하는 김에 한다

어떤 사나이가 작은 보트를 하나 가지고 있었다. 그는 여름이면 그 보트에 가족을 태우고 호수로 나가 물고기를 낚으면서 시간을 보냈다. 여름이 지나, 그가 배를 들여 놓으려고 육지에 올렸을 때 배 바닥에 작은 구멍이 있는 것을 발견했다. 그러나 그것은 아주 작은 구멍이었으므로 그는 보트를 사용할 내년 여름에 고치면 되리라 생각하고 일꾼을 시켜 보트에 색칠을 다시 했다.

다음해 여름이 일찍 찾아왔다. 그의 두 아이들은 즉시 보트를 타고 호수에 나가려고 했다. 그는 배에 구멍이 뚫려 있던 것을 까맣게 잊어버리고, 아이들이 호수에 배를 띄우는 것을 허락했다. 두 시간쯤 지난 뒤, 그는 순간적으로 배에 구멍이 뚫려 있었다는 기억이 되살아났다. 아이들은 헤엄을 잘 치지 못한다. 그는 당황하여 사람들에게 도움을 받으려고 뛰쳐나가다가, 배를 끌고 들어오는 두 아이들과 마주쳤다. 그는 두 아이를 끌어안고 배를 살펴보았다. 그는 누군가가 배의 구멍을 막아 놓은 것을 발견했다.

그는 페인트공이 고쳐 준 깃이라고 생각하고, 선물을 갖고 페인트공에게 답례하러 갔다. 그러자 페인트공은 "배를 칠한 삯은 이미 받았는데 어째서 이런 선물을 주십니까?"라고 말했다.

그러자 그는 이렇게 말하며 감사했다.

"배에 작은 구멍이 뚫려 있는 것을 당신이 고쳐 주지 않았습니까? 나도 물론 올 여름에 배를 다시 사용하기 전에 이것을 고치려고 생각했지만, 깜박 잊고 있었습니다. 당신은 내가 구멍을 막아 달라고 부탁하지 않았는데도 말끔히 고쳐 주었습니다. 당신이 몇 분 걸려서 배를 고쳐 준 덕에 우리 아이들의 생명을 구할 수 있었습니다."

《탈무드》에 나오는 얘기로, 아무리 작은 일이라도 그것이 어떤 사람에게는 엄청나게 크게 작용할 수도 있다는 것을 보통 사람들은 좀처럼 알지 못한다는 것이다. 선량한 사람의 '준비된 친절'이 아니면 어려운 일이다.

희망을 가불한 사형수

박해와 고난의 역사 속에 사는 유태인의 옛 동화에 '하늘을 나는 말'이라는 이야기가 있다.

어떤 사람이 왕의 노여움을 사서 사형선고를 받았다. 그 사람은 왕에게 살려 달라고 탄원서를 냈다.

"저에게 1년의 여유를 주신다면, 왕께서 가장 아끼는 말에게 하늘을 나는 법을 가르치겠습니다."

1년이 지나도 말이 날지 못하면 그때에는 사형에 처해도 달게 받겠다고 말했다. 이 탄원이 받아들여지자 동료 죄수들은 빈정거렸다.

"설마 말이 하늘을 날 수 있겠는가?"

그러자 그 사람은 다음과 같이 대답했다.

"1년 후에 왕이 죽거나 내가 죽을지도 모르는 일이며 또 그 말이 죽을지도 모른다. 1년 후에 무슨 일이 일어날지 미래의 일을 누가 알겠는가? 1년이 지나면 말이 날 수 있을지도 모르는 일이다."

이 이야기는 인생은 무한한 가능성을 지니고 있다는 것을 가르쳐 주고 있다. 우리 주변에는 하찮은 장애에도 금방 좌절하고 원망하고 포기해 버리는 사람이 많다. 실직을 했다고 부도가 났다고 입학 시험에 떨어졌다고 실연을 했다고 희망의 꽃인 생명을 함부로 꺾어버리는 사람도 있다.

어떠한 어려움에도 꺾이지 않는 용기는 어려움을 체험하지 않고는 갖기 힘들다. 그러나 직접 체험하지 않고도 선인들이 체험한 것을 거울삼아 자기의 지혜로 삼을 수 있다면 그것은 큰 축복이다.

하늘이 한 사람에게 중대한 책임을 내리려면 먼저 그 사람의 심지(心志)를 괴롭히고, 그 근육과 뼈를 수고롭게 하며, 그 몸과 살을 굶주리게 한다.

- 맹자님 말씀 -

손님은 귀신

싱싱한 회를 즐기는 한 신부(神父)가 횟집에서 생선회를 주문했다. 잠시후 생선요리가 나오고 식사기도를 마친 신부는 계속 바라보기만 할 뿐이었다.

"왜 드시지 않습니까?" 식당 주인이 다가와서 물었다.

"아, 내 형제 한 분이 일주일 전에 물에 빠져 죽었습니다. 그래 이 물고기한테 나의 죽은 형제를 보았느냐고 물었습니다."

"그 참 재미있군요. 그래 물고기가 뭐라고 합니까?"

식당 주인이 당황해하며 물었다.

"물고기가 그러는데, 자기는 열흘전에 이 식당 주방으로 잡혀와 나의 형제를 보지 못했다는군요."

웬만한 사람같으면 이쯤에서 말물이 콱 막혔을 법도 한데, 횟집 주인은 산전수전 다 겪은 전무가였다.

"에이, 그럴리가 있나요. 제가 한 번 물어 보겠습니다."

그리고는 생선요리에 귀를 갖다 댔다.

"그래, 물고기가 뭐라고 합디까?" 신부가 물었다.

"얘, 자기는 오늘 용궁에서 잡혀왔는데, 일주일 전에 천당간 사람을 볼 수 있었겠느냐고 하는데요?"

그러자 신부가 젓가락을 잡으면서 물었다.

"주인장, 내가 이 생선회를 먹으면 천당으로 가겠소. 용궁으로 가겠소?"

"그야, 당연히 천~당~"

"땍!" 하고 신부가 소리를 지르며 말했다.

"누굴 속이려고."

식당주인은 백배 사죄하고 식탁위의 '송장'을 갖고 주방으로 사라졌다.

6

악순환의 탈피와 모험

죽을 수 없는 이유

한 3년 전에 부산에 있는 태종대에 간 적이 있다. 서울에는 한강 다리가 있듯 부산에는 태종대가 자살의 명소(?)라는 소문을 듣고 그곳을 찾은 것이다. 내가 죽으려고 간 것은 아니고 집필 준비를 하느라 전국 여기저기 답사하며 다닐 때였다.

태종대 전망대에 오르면 1층엔 커피숍이 있고 2층에는 전망대가 있어 바로 눈앞에 바다가 한 눈에 들어온다. 전망대 바닥에 내려와 난간에서 내려다본 절벽은 해발 100m에 달하는 아찔한 높이다. 대뜸 스산한 음기가 확 느껴졌다. 또한 전망대 광장에는 아담한 모자상(母子像)이 세워져 있다. 어머니가 아기를 끌어안고 있는 모습이 그렇게 평화롭게 보일 수 없다. 서울의 모대학 교수의 작품인데, 아마도 이곳에 죽으려고 올 사람들에게 어머니를 떠올리며 마음을 진정시키라는 뜻에서였을 것이다.

어머니를 생각해서일까? 여기 또 하나의 지친 영혼이 방황하고 있다. 우연히 건물바닥에서 주은 가톨릭 주보에 실린 신자의 편지 사연이다.

신부님! 가슴을 치며 수없이 후회를 해보았지만 이제 와서 무슨 소용이 있겠습니까? 지금 같아선 창피를 무릅쓰고라도 용기를 내야 하는 건데 그 당시에는 어쩔 수가 없었습니다. 제가 죽일 놈입니다.……

멀찍이 문 밖에 서서 어머니를 뵈었을 때 만사 제쳐놓고 뛰어들어가고 싶었습니다만 차마 용기를 내지 못했습니다. '들어갈까? 아니야! 차라리 들어가지 않는 것이 모든 사람들을 위한 일이지. 특히 어머니와 동생들에게……' 망설이고 망설이다가 끝내 어머니 앞에 나타나지 못한 것이 이렇게 한이 될 줄을 몰랐습니다.

신부님도 어느 정도 느끼셨겠지만 IMF의 쓴 맛은 잘 모르실 겁니다. 지금은 제가 이 모양입니다만 한때는 직원 100명 이상을 거느리던 사장이었습니다. IMF 전에는 세상 인심이 좋은 줄로만 알았는데 막상 이중삼중으로 부도가 나기 시작하더니 정신을 못 차릴 정도로 일이 꼬이기 시작했고 세상 인심은 말이 아니었습니다. 물론 제 탓으로 부도가 난 것도 있었습니다만 협력(하청)업체로부터 받은 수천만 원짜리 어음이 휴지가 될 줄을 누가 상상이나 했겠습니까? 어머니와 동생들에게 면목이 없습니다만 어떻게 하겠습니까?

자살할 생각까지 했습니다만 그래도 자살보다는 '일단 피하고 보자!'고 생각하며 1년 이상을 아무런 연고도 없는 부산까지 내려가 노숙자 생활을 할 수 밖에 없었습니다.

신부님!

자살은 아무나 하는 게 아니라는 것을 절실히 깨달았습니다. 영혼과 육신까지 거지가 되었지만 한시도 어머니를 잊지 못했습니다. 저 때문에 동생들이 당할 수모도 염려가 됐습니다만 한평생을 자식들을 위해 살아오신 팔순 노모의 잔칫상에 나타나고 싶었습니다. 그러나 감히 나설 수가 없었습니다. 거지 중의 상거지 모습으로…….

저의 체면 때문만이 아니라 잔치 분위기가 저로 인하여 엉망이 될까봐 그랬습니다만 어머니 장례에는 아예 눈을 감고, 이를 악물고 나타났습니다. 장례 후에는 빚쟁이들이 몰려와 저를 그냥 놔 두지는 않을 겁니다…….

어머니는 자식에게 어떤 존재인가? 자식은 부모에게 어떤 존재인가? 집을 나와 방황하는 한 탕자가 묵고 있는 절의 스님에게 이런 질문을 했다.

"스님, 보살은 뭐고 부처는 누구입니까?"

그러자 스님이 대답했다.

"이빨이 두루 빠졌고, 머리는 하얗고, 허리는 앞으로 휘었고, 두 발은 다 부르텄는데, 네가 집에 가면 맨발로 뛰어나와 너를 맞이하는 그 사람이 보살이고 부처라네."

탕자는 곧 어머니의 품으로 돌아갔다.

행복 만들기

운명이다 팔자다 하는 차원에서 가난이나 악순환에서 벗어나기 위한 생각을 좀 구체적으로 해 봐야겠다.

우리가 휴일날 높은 산에 올라가서 지평선을 향해 돌을 던진다고 하자. 물론 실제로 그런 일을 해서는 안 되겠지만, 이 돌은 얼마 동안 날아가다가 결국 땅에 떨어지게 된다. 이른바 뉴턴이 떨어지는 사과를 보고 깨달은 만유인력법칙인 것이다. 여기서 이 돌은 우리가 궁금해하는 '가난' '악순환' '운명'을 상징한다. 그리고 지구의 중력은 우리의 발목을 붙잡고 있는 보이지 않는 업력(業力)을 뜻한다.

그런데 가령 돌팔매질의 명수인 소년 다윗을 능가하는 사람이 있어서 돌을 초속 8킬로미터 이상의 속도로 힘껏 던진다면 이 돌은 자체의 운동에너지로부터 원심력을 얻어 이것이 지구의 인력과 균형이 되어 땅에 떨어지지 않고 계속 날아갈 수 있다.

1초 동안에 8만 미터 갈 수 있는 이 초속 8킬로미터의 속도는 실제 우리 인간이 최초로 달나라에 갈 때 쏘아올린 로켓의 속도이다. 이 속도를 초과하는 에너지를 받으면 인공위성은 지구의 중력을 벗어나 우주 속으로 날아갈 수도 있다. 가령 우리의 무궁화 위성도 초속 9킬로미터의 속도로 자기 궤도를 잘 돌고 있다.

이처럼 지구를 벗어나 저 넓은 우주여행을 자유롭게 하는데 인공위성이 필요로 하는 초속 8킬로미터의 속도, 이것이 바로 인공위성의 '팔자 속도'인 셈이다.

많은 사람이 애써 노력하는 것도 자신이 속한 서민층, 중산층, 상류층이라는 '팔자 궤도'를 벗어나거나 진입하려는 일련의 과정이 아닐까 하는 생각이 드는 것이다.

7

현실과 이상의 모순

멀고도 가까운 사이

"산에 채이지 않고 개미들에 채인다."는 한비자가 한 말인데, 큰 일에는 충분히 주의하기 때문에 실패하지 않지만 작은 일에는 무심코 마음을 놓기 때문에 실패하기 쉽다는 뜻이다.

우리의 인생도 마찬가지인 것 같다. 이상은 높아 하늘의 별을 헤며 가지만, 현실의 벽은 그보다 더 높은 지 돌뿌리에 걸려 넘어질 때도 있는 것이다.

한 처녀가 우유를 팔려고 머리에 우유통을 이고 여러 가지 생각을 하면서 걸었다.

'우유 판 돈으로 달걀을 사서……그것으로 병아리를 까서……키워서……팔아서……새옷을 사서 축제 때 입고 나서면 남자들이 모여들어 춤을 추자고 조를테지. 그러나 어림없어, 난 안 출테야.'

이렇게 혼자 말하면서 처녀는 우유통을 머리에 인 채로 고개를 내두르다가 그만 그 우유통이 땅에 떨어져 모든 꿈이 깨어지고 말았다.

곧 인생의 절반은 꿈으로 산다는 것이다. 그리고 그 꿈의 아흔아홉은 젊을 때 꾸게 된다. 과연 이상과 현실이 만나면 원수지간이 되는 것인가.

누릴 수 있는 만큼만

욕심은 만족을 모르는 불가사리이며 많은 고통을 부르는 나팔이라
했다. 이로 볼 때, 이상적인 만족한 생활은 재산이 많은 데 있는 것이
아니고 욕심이 적은 데에 있음을 알겠다.

여기 땅을 소유하려던 욕심이 많은 청년에 관한 이야기가 있다.

어느 날 그는 엄청난 제의를 받게 되었다. 100원만 내고 하루 동안
그가 발로 딛는 땅은 모두 다 살 수 있다는 것이었다.

그러나 단 한 가지 해가 지기 전에 출발점으로 돌아와야 한다는 조
건이었다. 다음 날 새벽부터 그는 보폭을 넓게 하고서 걷기 시작했다.
정오쯤 되자 매우 피곤했지만 더 많은 땅을 차지하기 위한 욕심에 쉬
지도 않고 계속 걸었다.

오후가 되자 그는 출발점에서 너무 멀리 와 있는 것을 깨닫고 원점
으로 돌아가기 시작했다. 해질 때까지 돌아가지 않으면 많은 땅을 소
유할 수 있는 기회를 잃어버린다는 것을 생각하면서 그는 발걸음을 재
촉했다. 드디어 그는 뛰기 시작했다.

해가 지평선 아래로 내려가기 시작했을 때 출발점이 그의 눈에 들어
오기 시작했다. 숨이 차고 가슴이 아팠지만 청년은 마지막 힘을 다해
해가 지기 전 겨우 그곳으로 돌아왔다. 그런데 그는 들어서자마자 입
에서 피를 토하고 쓰러졌다. 결국 그에게 돌아간 건 두 폭 걸음 정도의
길이에 한 폭 걸음 정도의 넓이의 무덤이었다.

우리의 인생을 마라톤에 비유하는데 정신없이 달리기만 하는 사람
들을 위한 거울과 같은 이야기다. 요람에서 무덤까지 무엇을 향해 달

리고 있는지 알기나 하고 달려야 할 것이다.

그리스의 대부호 알티비데스가 대철학자 소크라테스에게 자신이 얼마나 광대한 토지를 소유하고 있는지를 자랑스럽게 이야기했다. 알티비데스는 소크라테스가 온 나라 안에 그 이름이 자자한 인물임에도 불구하고 지극히 가난하다는 사실을 은근히 비꼬고 있었던 것이다. 그러자 소크라테스는 당시의 세계지도를 꺼내면서, "당신의 소유지가 이 도시의 어디에 있습니까?" 하고 물었다.

"놀림이 지나치십니다. 내 토지가 아무리 넓다고 해도 세계지도에 나와 있을 리가 없지 않습니까?"라고 알티비데스가 대답했다.

그러자 소크라테스는 그의 얼굴을 안쓰러운 듯 쳐다보면서 이렇게 말했다.

"그렇습니까? 이 지도에는 나와 있지 않습니까? 그렇다면 지구의 일부분에도 해당되지 않는 토지를 가지고 자만할 필요는 없겠지요."

당신은 지금 무엇을 위해 밤낮으로 열심히 뛰고 있는가?

잡을 때는 놓을 때를 생각하고 채울 때는 비울 때를 생각해야 한다. 빈 손으로 왔다 빈 손으로 돌아가는 인생이 아닌가.

8

내마음의 등대를 지킨다

다시 태어난다면?

윤회와 전생의 불교 진리, 즉 불법(佛法)을 어떻게 설명하면 실감이 날까? 아무래도 시간여행을 한다는 '타임머신' 이야기가 좋겠다.

시간여행을 다룬 영화를 볼 때 사람들이 어리둥절하게 되는 것은 과거나 미래로 날아간 주인공이 또다른 자신 혹은 주변사람들을 만나는 장면이다. 이런 모순적인 말도 안 되는 상황이 과연 가능할까? 그것이 사실일까?

이런 의문에 대한 설명으로 그래니 파라독스라는 것이 있는데 '할머니의 모순'이라는 것이다.

내가 타임머신을 타고 과거로 가서 처녀 시절의 할머니를 만난다. 나와 함께 등산을 간 '할머니'가 실수로 낭떠러지에서 떨어져 죽는다. 결혼을 하지 않았으니 나의 아버지는 세상에 나올 수 없고 따라서 나도 같은 운명이다.

그런데 나는 분명히 할머니의 사고 현장에 서 있다.

미래 여행도 마찬가지로 설명이 된다.

1주일 후로 가서 TV를 보니 어떤 사람이 복권에 당첨돼 횡재를 하고 웃고 있다. 현재로 돌아와 재빨리 내가 그 당첨된 번호의 복권을 구입한다. 1주일 후 이번에는 내가 TV에 나가 1등 당첨 축하 인사를 받고 웃는다.

미리 봤던 미래는 어디로 사라진 것인가?

이 역설을 설명하는 가설은 크게 두 가지로 볼 수 있다.

첫 번째는 시간 여행자가 과거나 미래를 볼 수는 있지만 개입할 수 없다는 가설이다.

두 번째는 1957년 프린스턴 출신의 물리학자 휴 에베레트가 양자(量子)물리학을 바탕으로 처음 제기한 가설인데 지지자가 가장 많다. 이는 우주가 매 순간 관찰자의 선택에 따라 무한한 수의 복사(複寫) 세계로 갈라진다는 이론이다.

그러나 관찰자는 항상 한 사건만을 본다. 그래서 파라독스의 할머니는 한 세계에서는 죽지만, 두 세계는 영원히 따로 진행된다. 이 가설이 참인지 아닌지는 아직 증명해 내지 못하고 있다.

이 두 번째 가설은 이미 수천 년 전에 석가모니가 '일체유심조'라 하여, 생사유전하는 도깨비 마음의 세계에 사는 어리석은 중생과 엉터리 마음이 다 끊어진 참 세계, 극락에 사는 부처의 세계가 있음을 숙명통으로 봤던 것이다. 그러므로 나는 처녀, 할머니도 되면서 생사를 윤회하지만 불성(佛性)을 회복한 참나는 불생불멸(不生不滅)하니 이것을 여여(如如)하다 하여 그렇게 걸림없이 다니는 존재가 여래(如來), 즉 부처라는 것이다.

만약 당신에게 죽어서 다시 태어날 특권을 준다면 무엇으로 태어나고 싶은가?

행복의 조건

남극에 사는 새 중에 '내일이면 집 지으러' 라는 이름을 가진 새가 있다고 한다. 한낮에는 따뜻한 햇빛과 함께 친구들과 재미있게 놀다가 밤이 되면 갈 집이 없어 추위에 떨며 내일은 반드시 집을 지으리라 다짐하는 것이다.

그러나 다음 날 새는 전날 밤의 추위와 다짐을 잊고 여느 날처럼 흥겹게 놀다가 다시 밤이 되면 또 후회하며 새롭게 다짐을 하지만 매일처럼 그렇게 지내며 평생을 산다고 한다.

이것은 다름 아닌 작심삼일(作心三日)을 일삼는 우리들의 이야기일 것이다. 작심삼일도 거듭하다 보면 그게 다 실적이 되는 것이다. 집을 가득 채우려고 이것저것 마구마구 긁어 모으려고 하기만 할 것이 아니라 내 집안에 있는 것에 눈을 돌리는 지혜가 아쉬운 때이다.

행복의 조건

밤하늘에 달이 아름답게 떠 있었습니다.
구름 한 점이 그 옆을 지나갔습니다.
달은 "왜 구름이 내 모습을 가리지?
난 내 모습을 모든 사람에게 뽐내고 싶은데……"
하고 말했습니다.
달은 구름뿐 아니라 주위의 별들에게도
"너희들 때문에 내 아름다운 모습이 가려지니까 너희들도 비켜"

하고 말했습니다.

시무룩해진 구름도 별도 서둘러 그 자리를 떠났습니다.

달은 이제 마음껏 자신의 아름다움을 뽐내게 되었다고 좋아했습니다. 그때 서울 어느 동네에 있던 집의 창문이 열리고 오누이가 하늘을 보며 이런 대화를 나누었습니다.

"오빠 왜 달만 있을까?"

"글쎄 우리는 달과 별과 구름이 어울려 있는 것이 좋은데……."

그리곤 창문이 '탁' 하고 닫혔습니다.

달은 그제야 알았습니다.

어울려 살아야 좋다는 것을…….

-「지혜로 여는 아침」 중에서

우리나라 동화작가의 '외톨이 달님'이란 작품의 일부다. 행복이란 남이 가진 것을 시기하는 데에 있지 아니하고 내가 가진 것을 자랑하는 데에 있지 않다. 있는 그대로 더불어 만끽하는 데 있다. 굳이 '내일'로 연기할 까닭이 무엇이겠는가?

제5부

팔자가 꼬일 땐 효도로 풀어라

1

팔자가는 데 효(孝)따라 간다

행 · 불행의 관문

> 호미도 날쟁기이지만
> 낫같이 들 리도 없습니다.
> 아버님도 어버이시지만
> 어머님같이 사랑하실 리 없습니다.

고려시대 작가 미상의 속요 사모곡(思母曲)으로 부모의 사랑을 호미와 낫이라는 농기구에 견주어 노래하지만 그 무게 중심은 어머니쪽으로 기울고 있다.

모성애는 모든 사랑을 대표적으로 상징하는 낱말이다.

깊은 산골에 농사를 짓는 젊은 부부가 살고 있었다. 남편은 한 달에 한 번씩 농사지은 물건을 내다 팔고 필요한 물건을 구입하기 위해 시장을 한 번 다녀오려면 사나흘은 걸려야 했다. 그러면 그의 아내는 세 살 된 딸과 돌이 갓 지난 아들과 같이 지냈다.

그런데 남편이 시장으로 떠난 어느 날, 엄마가 아이들을 위해 음식을 준비하려고 부엌으로 가서 장작더미를 드는 순간 그 밑에 숨어 있던 독사에게 발을 물리고 말았다. 아이 엄마는 독사의 독이 온몸에 퍼지는 것을 느꼈다. 엄마는 다급한 마음이 들었다. 시장에 간 남편이 돌아오려면 사흘은 걸리는데 내가 여기서 쓰러지면 대신 돌보아 줄 이웃도 없어, 아이들이 굶어 죽고말 것이라는 생각에 아픔을 참고 부지런히 아궁이에 불을 피워 아이들이 먹을 죽을 끓이고 음식을 준비하고 반찬을 만들었다.

고통도 심해지고 온몸에서 땀이 비오듯 쏟아졌지만 계속 불을 피우면서 음식을 만들었다. 그래야 자기가 죽어도 아이들이 먹을 수 있을 것이라고 생각했기 때문이다. 아이 엄마는 독이 점점 퍼지면서 정신이 혼미해져 갔다.

그러나 엄마는 자기가 죽지 않고 살아 있음을 깨닫고 깜짝 놀랐다. 비가 오듯이 쏟은 땀과 함께 독사의 독이 모두 흘러나온 것이리라. 아이들을 위하여 흘린 땀으로 인해 자신도 살게 된 것이다. 이것이 어머니의 사랑, 어버이의 사랑이 아니겠는가.

효도받는 서러움

어버이 살아신 제 섬기기 다하여라.
지나간 후면 애닯다 어이하리
평생에 고쳐 못할 일이 이뿐인가 하노라.

- 송강 정철

아내를 여의고 홀로 사는 노인이 있었다. 그는 한평생을 근검절약하며 열심히 일했다. 그러나 불운이 겹쳐 빈털털이가 된 데다 연로해서 더 이상 일을 할 수도 없게 되었다. 시력도 약해지고 두 손이 떨려 제대로 끼니를 지을 수도 없었다. 그에게는 결혼한 아들이 셋이나 있었지만, 각자 살기에 바빠 일주일에 한 번쯤이나 그것도 순번을 정해 돌아가며 아버지와 저녁을 같이 먹어주는 게 고작이었다.

아버지는 차츰 기력마저 떨어졌다. 노인은 어떻게 했으면 좋겠는가 하고 곰곰이 살아남을 궁리를 했다. 드디어 한 생각이 떠올랐다.

노인은 날이 밝자 목수를 찾아가서 큰 궤짝을 하나 만들어 달라고 부탁했다. 이어 유리가게에 가서 깨진 유리조각을 얻어왔다. 노인은 궤짝을 집으로 가지고 가서 그 속을 깨진 유리조각으로 채우고 난 다음에 단단히 자물쇠를 채웠다. 그리고는 그것을 부엌 식탁밑에 놓았다.

며칠 후에 아들들이 찾아와 식탁에서 저녁을 먹다가 발에 걸리는 궤짝를 발견했다.

"궤 속에 무엇이 들어 있습니까?"

아들들이 일제히 물었다. 별것 아니라고 노인은 말하면서 끝내 속에 무엇이 들어있는지 밝히지 않았다. 그러자 자식들이 발로 차봤다. 속에서 뭔가 달랑거리는 소리가 들렸다.

'아버지가 한평생을 두고 몰래 저축해 온 금화로 가득 차 있는 게 틀림없어.'

이렇게 세 아들은 서로 머리를 굴렸다. 아버지가 돌아가실 때까지 그 보물궤를 지켜야겠다고 생각한 세 아들은 번갈아 가며 아버지와 함께 살기로 했다.

첫주에는 작은 아들이, 둘째 주에는 가운데 아들이, 그리고 셋째 주에는 큰아들이 아버지를 돌보며 궤를 지켰다.

드디어 아버지가 죽었다. 이제부터는 돈 걱정할 필요가 없다고 생각한 세 아들은 호화로운 장례를 치렀다. 그들은 장례식이 끝나자마자 아버지 집으로 달려가서 열쇠를 찾았다. 그리고 궤를 열어 봤으나 그 속에는 깨진 유리조각들 뿐이었다.

"어쩌면, 우리를 이렇게 감쪽같이 속여오다니, 아버지도 너무 하시지."

큰아들이 소리를 질렀다, 그제서야 양심의 가책을 느끼기 시작한 둘째 아들이 형에게 말했다. "아버지는 그럴 수밖에 없지 않았겠어? 만약에 이 궤가 없었다면 우리 모두 아버지가 돌아가실 때까지 돌봐드릴 생각은 하지 않았을 거야." 이 말을 들으면서 막내 아들은 하염없이 뉘우치며 눈물을 흘렸다. 그래도 큰아들은 혹시나 하고 궤 속의 우리조각들을 모두 쏟았다. 그랬더니 밑 바닥에 '너의 부모를 공경하라'고 적힌 쪽지가 붙어 있었다.

진심으로 공경하는 마음이 없이 그저 마지못해 부양만 하는 것을 공자는 견마지양(犬馬之養)이라 했다. 집에서 기르는 개나 말과 같다는 뜻으로 "요즈음의 효도란 물질로써 봉양만 하면 되는 줄 알고 있으나, 개나 말도 집에 두고 먹이지 않는가. 공경하는 마음이 따르지 않는다면 무엇으로 구별하랴." 했다.

효도 계산법

백리부미(百里負米)라는 말이 있는데, 공자의 제자인 자로(子路)가 어버이를 위하여 백 되나 되는 쌀을 지고 갔다는 것으로, 곧 가난한 가운데서 부모에게 효를 다하여 봉양했다는 뜻이다. 그러므로 효자라면 부모를 위하여 어떤 고생을 하여도 결코 부모를 원망하지 않는 것이다.

먼 옛날 일이지만 베나레스 국에 자동(慈童)이란 부호의 아들이 있었다. 그 아버지는 일찍 세상을 떠나 재물도 다 없어졌으므로 자동은 날마다 나무를 팔아 어머니를 부양하고, 점차 소득을 늘려 마침내 매일 4전, 8전, 16전을 벌게 되어 더욱더 후하게 어머니를 부양했다.

사람들은 그의 지혜가 밝고 분복(分福)을 갖추고 있음을 보고 "그대의 아버지는 언제나 바다에 들어가 보물을 채취했다. 그대는 왜 아버지의 가업을 계승하지 않는가"라고 간곡히 권했다. 자동은 이 말을 듣고 집에 돌아와 어머니에게 바다에 들어가 아버지가 하던 일을 하고 싶다고 청했다. 어머니는 그 아들이 효성스러워 어미를 홀로 놔두고 바다에 들어가는 일은 하지 못하리라 생각하고 농담삼아 들어가도 좋다고 허락했다.

그는 어머니의 허락을 얻었으므로 함께 일할 동료를 찾고 갖가지 준비를 하여, 새삼스레 어머니에게 작별을 고했다. 어머니는 그제서야 놀라서 슬퍼하며 "어찌 외아들인 너를 놓아줄 수가 있겠느냐. 부디 내가 죽을 때까지 기다려다오."라고 말했다. "어머니께서는 앞서 저의 소원을 허락하셨습니다. 이제 와서 결심을 깰 수가 없습니다." 어머니는 아들의 뜻을 움직이기 어렵다는 것을 알고서 그의 다리를 끌어안고 생각을 돌리라고 울며 애원했으나, 자동은 뜻을 정하고 어머니를 남기고 바다에 들어갔다. 그는 그때 어머니의 머리카락 수십 올을 끊었다.

이윽고 보물의 바다에 이르러 많은 보물을 얻어 육지로 돌아가기를

서둘렀다. 그때 그 나라의 법에 따르면 도둑에게 습격을 당하더라도
상주만 붙잡히지 않는다면 재물은 상주에게 돌려 주어야 했는데, 만일
상주가 붙잡혔을 때에는 재물이 남김없이 도둑의 몫으로 돌아갔다. 아
들은 밤마다 동료와 떨어져 따로 숙소를 정하고, 새벽에 일찍 동료의
마중을 받아 여행을 계속했다.

하룻밤은 큰 바람이 불어와 동료는 마중 나가는 것을 잊었다. 그는
동료와 떨어져 나아갈 길도 모르고 정처없이 걸어 어느 산꼭대기까지
올라가자 한 성(城)이 보였다. 굶주림과 목마름에 지쳐 그곳으로 들어
가자, 아름다운 네 여자가 각각 그를 반갑게 맞이하여 쾌락 속에 4만
년을 보냈다. 그러나 쾌락도 싫어지고 한 번은 그들과 작별을 고했지
만, 다시 이유도 없이 만류되어 또 4만 년을 보내고 겨우 그곳을 떠났다.

그러다 도중 다시 제2의 어떤 성에 들어가 여덟 명의 미녀와 더불어
8년만의 즐거움을 같이했다. 다시 그곳을 떠나 제3의 성에 들어가 16
명의 미녀와 16만 년의 즐거움을, 제4의 성에 가서 32명의 미녀와 32
만 년의 즐거움을 같이 하고서 이윽고 그곳마저도 싫어져 떠나려고 하
자 여자들은 "그대는 지금까지 좋은 곳에서 지낼 수가 있었지만 앞으
로는 좋은 곳이란 없다. 언제까지라도 이곳에서 계속 머무는 것이 좋
을 것이다" 하며 만류했다. 그렇지만 그는 '이 여자들은 나를 사모하여
이와 같이 말하는 것이다' 생각하고 다시 갈길을 서둘렀다.

이윽고 멀리 저편에 어마어마한 제5의 철성(鐵城)이 보였다. 그 안
으로 들어가자 성문곁에 한 사나이가 머리에 화륜(火輪)을 쓰고 있었
는데 자동을 보더니 그 화륜을 그의 머리에 내려놓고 가버렸다. 자동

은 크게 놀라 두려워하며 옥졸에게 "언제쯤 이 무서운 화륜을 머리에서 벗을 수가 있소."라고 물었다. "흡사 그대와 같은 행을 닦은 자가 그대와 같은 경로를 거쳐 이곳에 오기까지다."라고 대답했다. 자동이 그 이유를 물으니 "그대는 세상에 있을 때 하루에 2전으로 어머니를 부양했으므로 제1의 성에서 네 개의 여의주와 4명의 미녀와 4만 년의 즐거움을 누렸다. 하루에 4전은 제2성에서는 4만 년, 8천은 제3 은성(銀城)의 16만 년, 16전은 제4황금성의 32만 년의 즐거움을 얻었던 것이다. 그러나 지금은 그 과보가 다 끝나고 어머니의 머리카락을 끊었기 때문에 이 무쇠의 화륜을 머리에 쓰지 않으면 안 된다."는 대답이었다.

다시 "나 이외에 이와 같은 괴로움을 받는 자가 있느냐"고 묻자 "이루 헤아릴 수 없을 만큼 많다."고 알려 주었다.

이에 자동은 마음 깊이 다짐하기를 '좋다. 이제 나는 벗어날 수가 없다. 그렇다면 모든 중생의 괴로움을 나 혼자 맡도록 하자' 고 뜻을 정하자 이상하게도 화륜은 '딱' 하고 땅에 떨어졌다.

"떨어지지 않는다고 말한 화륜이 어째서 떨어졌을까" 하자 옥졸은 화를 벌컥 내며 쇠지레로 자동을 때려 죽였지만, 자동은 바로 천계에 태어났다.

여기서 자동은 부처님의 전생으로, 부모를 섬기는 죄와 복은 이와 같이 엄연하다는 것을 깨우쳐 주고 있다.

2

깊고 깊은 인연

1만 겁의 인연 만에

부모와 자식의 만남은 1만 겁의 전생인연이 이어져야 가능하니 그 깊고 깊은 뜻을 헤아리기 어렵다. 어찌해야 그 깊은 의미를 실감할 수 있을까!

세존이 대중과 함께 남방으로 가는 길이었다. 도중에 한 무더기의 뼈를 보자 친히 몸을 땅에 엎드려 절을 하는 것이었다. 이에 놀란 아난과 대중이 세존을 삼계의 큰스승이며 모든 중생의 어버이로 사람들이 공경하는데 어찌하여 뼈 무더기에 예배를 하느냐고 물었다.

"너는 나의 뛰어난 제자이며 출가한 지도 오래되었건만 넓게 알지 못하는구나. 이 한 무더기의 뼈는 먼 옛날 나의 조상이거나 여러 대에 걸친 부모일 것이므로 지금 절을 올린 것이다."

그러면서 다시 아난에게, "너는 이 한 무더기의 뼈를 두 무더기로 나누어라. 남자의 뼈는 무거울 것이며, 여인의 뼈는 검고 가벼울 것이니라." 하는 것이었다. 그러자 아난이 다시 세존께 물었다.

"세존이시여, 남자가 세상에 있을 때는 옷을 입고 띠를 매고 신을 신고 모자를 쓰므로 남자인 줄 알고, 여자는 세상에 있을 때 몸에 자주와 연지를 바르고 향으로 치장하므로 여자인 줄 알 수 있으나, 죽은 후의 백골은 남녀가 마찬가지인 것을 어찌 알 수 있겠습니까?"

그러자 부처님께서 자세히 일러 주었다.

"만일 남자라면. 세상에 있을 때 가람에 들어가 법문을 듣고 독경하고 삼보(불·법·승)에 예불하고 염불했으므로 뼈가 희고 무거울 것이며, 여인은 세상에 있을 때 감정을 억누르며, 자식을 낳을 때 서 말 서 되의 엉긴 피를 흘리며, 여덟 섬 너 말이나 되는 젖을 아기에게 먹여 키우므로 그 뼈가 검고 가벼우니라."

아무리 부처님 말씀이긴 하나 요즘은 어쩐지 모르겠다. 아이도 제왕 절개 수술로 쉽게 낳고 모유를 먹이지 않는 산모가 많다하니, 아무래도 뼈 색깔이나 무게를 가지고 남녀를 구별하기가 쉽지 않을 듯싶다.

실제로 시립장묘 사업소에서 화장한 유골을 추리고 빻고 거두는 사람의 애기를 들어보면 죽은 사람의 분골 색을 보고 그 자가 생전에 어떻게 살았는 사람인가를 대강 알 수 있다고 한다. 과음과 흡연을 많이 한 사람의 분골은 누런색을 띠며, 악질의 병마에 시달린 사람의 그것 역시 누렇거나 갈색을 띠며, 가장 정결하고 진실하게 살아온 사람만이 깨끗한 백색의 분골을 남긴다고 한다.

3
아픈 사랑

효자 만들기

부모님은 우리의 어린 시절을 가꾸어 주셨으니 우리는 부모님의 여생을 아름답게 꾸며 드릴 의무가 있다. 그러나 요즘의 자식들은 "어머니 왜 나를 낳으셨나요." 하면서 오히려 배은망덕한 언행을 서슴지 않고 있다. 고사(古事)에 한(漢)나라의 한백유 이야기가 생각난다.

어느 날 백유가 잘못을 저질렀다. 그러자 어머니가 그의 잘못을 꾸짖으며 매를 때렸다. 그런데 여느 때와는 달리 백유가 눈물을 흘리자 어머니가 물었다.

"이제까지는 매맞을 때 울지 않더니 오늘은 어찌하여 우느냐. 그리 아팠더냐?"

"예, 제가 잘못을 저질러 매를 맞을 때 항상 아프더니 오늘은 어머니의 힘이 쇠약해지시어 매를 맞아도 아프지가 않습니다. 그래서 웁니다."

아! 내 몸보다 부모를 먼저 걱정하는 마음이여, 아름답다. 어찌 아무나 이와 같을 수 있겠는가.

그런데 요즘은 제2의 한백유는 없을까? 아마 있을 것이다.

부산에서 올라온 김씨가 서울 효자동에 살았다는데 그에게 중학교 3학년, 고등학교 3학년, 그리고 대학교 3학년에 다니는 세 아들이 있었다. 그런데 김씨는 매년 섣달 그믐이 되면 세 아들과 함께 대중 목욕탕에 가는 것을 철칙으로 삼고 있었다.

작년에도 12월 31일에 목욕탕에 갔는데, 세 아들에게 순서대로 자기의 등을 밀게 했다. 먼저 중학생 아들이 등을 밀었는데, 조금 밀더니 '흑흑' 하며 울었다.

아버지가 물었다.

"와, 우노. 그리 힘드나?"

그러자 아들이 말했다.

"예, 작년에 밀 때는 제 팔이 안 아팠는데 금년에는 팔이 아파서 웁니다."

"그랬더나, 그럼 쉬거라."

이번엔 고등학생 아들이 아버지 등을 밀었다. 역시 조금 밀더니 '흑흑' 하고 울었다.

아버지가 물었다.

"니는 와우노. 그리 힘들드나?"

"예, 작년에 밀 때는 숨이 안 찼는데 금년에는 숨이 차서…… 그래서 울었어요."

"그랬더나, 니도 가서 쉬거라."

이번에는 대학생 아들이 밀었다. 그도 역시 조금 밀더니 '흑흑' 하고 울었다.

아버지가 물었다.

"닌 또 와 우노, 그리 힘드나."

"예, 작년에 밀 때는 아버지 등이 잘 버티어 흔들리지 않았는데 금년에는 힘없이 휘청휘청하시니 그것이 슬퍼서……."

그러자 아버지가 눈을 흘기며 말했다.

'뭐라카노. 이 문디 자슥이."

영원한 자식

우스개 삼아

우스개 삼아 어머니를 업었으나

그 너무 가벼움에 눈물겨워서

세 발짝도 못 걸었네

짧지만 긴여운을 남겨 '세계에서 가장 짧은 시'라는 일본의 하이쿠(俳句)를 연상케 하지만, 일본의 시인 이시카와 타쿠보쿠의 시로 어머니에 대한 깊은 정을 만끽하게 하는 작품이다.

어버이를 사랑하고 공경하는 마음은 정에서 우러나오는 것이지만, 그것을 실천에 옮겨서 효도를 다하는 것은 여간 어려운 일이 아니다. 그러므로 효는 백 가지 행실의 근본이라 하여, 사람의 됨됨이를 부모에 대한 효성의 정도로 가늠할 수 있다고 한다.

《효경》에 의하면 노래자(老萊子)는 중국 주나라 때의 사람인데 나이 70세가 되었는데 90세가 된 어머니가 아직 살아 있었다. 그는 항상 늙은 어머니의 마음을 기쁘게 해 주려고 애썼다.

오색이 찬란한 색동으로 옷을 해 입고 부모 곁에 가서 어린아이 모양으로 엉금엉금 기어 다니기도 하고, 어렸을 때 모습을 해서 부모를 웃기기도 했다. 또 그는 선반 위에 물그릇을 올려놓고 그것을 내리다가 자빠져서 물그릇을 엎지르기도 하고, 부모 밑에서 어린애 울음소리를 내어 부모들로 하여금 딴 걱정을 하지 않도록 웃겨주곤 했다.

이 정도면 요즘으로 치면 거의 개그맨을 능가하는 재롱잔치인데, 모두 부모가 소외감을 갖지 않도록 하기 위한 효도가 아닌가 싶다.

4
가화만사성과 며느리

며느리 설움

'되는 집안은 가지나무에 수박이 열리고 망하는 집안은 맏며느리가 수염이 난다'고 할 정도로 가정의 흥망성쇠에 며느리의 책임을 강조하는 게 우리나라의 전통이 되다시피 하고 있다. 우리의 며느리 역사는 언제나 눈물과 한숨과 서러움으로 이어가고 있는 것인가.

옛날 우리나라 가족제도와 생활 방식에 따른 시집살림의 고통스러움을 나타낸 것으로 삼년아부전설(三年啞婦傳說)이 유명하다. 그 구체적인 내용은 엄필진이 엮은《조선동요집》에 나와 있다.

옛날 무남독녀 외동딸을 금지옥엽 길러내어 시집을 보내는 어머니가 딸에게 며느리 교육을 시켰다.

"시집살이란 말도 많은 것이므로 보고도 못 본 척, 듣고도 못 들은 채 말없이 살아야 한다."

그래서 시집간 딸은 벙어리 3년, 장님 3년, 귀머거리 3년의 세월을 보내게 되는데, 시댁에선 며느리가 벙어리라 하여 친정으로 쫓아버렸다.

시아버지를 따라 친정으로 돌아가는 길에 꿩 한 마리가 날아가는 것을 본 며느리가 "에그, 우리 앞동산에 꿩이 날아간다."하고 입을 열었다. 그러자 깜짝 놀란 시아버지는 며느리가 벙어리가 아님을 알고 기뻐하며 다시 집으로 데려갔다고 한다.

이 며느리는 그래도 용케 시댁에서 쫓겨나는 불운을 면했지만, 소리 소문도 없이 시댁에서 물러난 며느리들이 얼마나 많았겠는가.

여기 시댁에서 쫓겨난 세 며느리가 우연히 한 자리에 모이게 되었다. "너희는 왜 시집에서 쫓겨났니?" 하고 한 여자가 묻자, 둘 중의 한 사람이 이렇게 대답했다.

"아무것도 아닌 일이었어. 시어머니께서 담뱃대를 털어 오라고 하시기에 담뱃대를 들고 밖으로 나갔지뭐니. 그런데 마침 둥그런 돌이 있지 않겠니. 그래서 거기다 대고 담뱃대를 톡톡 두드렸는데 알고 보니 그게 돌이 아니라 달빛에 비친 시어버지 대머리였단다. 글쎄."

이번에는 다른 여자가 억울하다는 듯이 말했다.

"아무것도 아닌 일이야. 시할머니께서 화로에 불을 담아 오라고 하시기에 말씀대로 아궁이에 가서 재를 체에다 담아 들고 들어왔단다. 그랬더니 체 밑구녕이 빠지면서 발을 데었는데 글쎄, 그 일로 나를 쫓아 내더라구."

이번에는 세 번째 여자가 자기야말로 별것 아닌 일로 억울하게 쫓겨났다는 투로 말했다.

"난들 뭐 딴 일이 있었겠니. 동네에 사는 머슴 녀석이 어찌나 추워하든지 불쌍해서 그 머슴의 손을 내 안가슴에 넣고 녹여 줬을 뿐인데, 이 글쎄 쫓아내지 않겠니."

속담에 '처녀가 애를 낳아도 할 말이 있고' '핑계없는 무덤없다' 더니, 이 세 전직 며느리들도 제각각 억울함을 호소하는 것이었다.

며느리의 권능

못된 시어머니는 며느리가 미우면 발꿈치가 달걀 같다고 나무란다고 했던가.

어느 집에 늙은 시어머니가 살고 있었는데, 그 며느리가 먼저 교회에 나가게 되었다. 그리고 학습을 받고 세례까지 받았단다. 시어머니는 얼마 후에 며느리의 권유로 교회에 다니기 시작했다. 하루는 시어머니가 학습 문답이란 것을 하러 가기 위해서 며느리에게 물어 보았다.

"애, 아가야, 학습 문답이란 것은 어떻게 하는거냐?"

며느리가 대답했다.

"어머님, 목사님이 만일 '예수님을 왜 믿습니까?' 하고 묻거든 어머님은 구원 얻으려고 믿습니다 하세요."

"그리고, 또 무엇을 묻느냐?"

"목사님이 만일 '예수님이 누구를 위하여 죽으셨습니까?' 하고 묻거든 '내 죄를 대신해서 죽으셨소' 하고 대답하셔야 합니다!"

이렇게 연습을 한 후에 시어머니가 예배당으로 가서 목사 앞에 문답을 하러 들어갔다. 목사가 물었다.

"예수는 누구십니까?"

"하나님 아들이라고 합대다."

"예수님은 어떻게 죽으셨습니까?"

"내 며느리 죄 때문에 죽었다고 내 며느리가 그럽대다."

목사는 이 시어머니의 말에 그만 할말을 잃고 그저 웃을 수밖에 없었다.

고부 갈등이 생기려면 사소한 것에서부터 시작된다. 그리고 한 번 꼬인 고부 사이는 여간해서 풀기 어려운 난제 중의 난제인 경우가 허다하다.

시어머니가 세상을 떠나고 시아버지가 재취를 했는데, 새 시어머니가 며느리와 나이가 동갑이었다. 그래서 며느리는 시어머니 보고 '어머님' 하기가 싫은데 시어머니는 '어머님'이란 말을 꼭 듣고 말겠다고 벼르고 있었다.

그러던 어느 날 시어머니가 아침에 먼저 일어나서 자기 바지를 며느리 가까이에 놓아두고 며느리의 바지를 갖다가 입었다. 시어머니 생각에는 그렇게 하면 며느리가 "이것이 어머님 바지요?" 하고 물을 줄로 알았다. 그런데 며느리가 바지를 들어 보더니 휙 집어던지면서 시어머니에게 말했다. "이 바지가 그 바지고 그 바지가 이 바지 아닙니까?" 시어머니의 예상은 완전히 빗나갔다.

불효자는 저승팔자도 꼬인다

일곱 가지의 아내

세상에는 일곱 가지의 아내가 있다 했다.

"옥야여! 이 세상에는 일곱 종류의 아내가 있으니 원수 같은 아내, 도둑 같은 아내, 주인과 같은 아내, 어머니와 같은 아내, 누이와 같은 아내, 친구와 같은 아내, 그리고 종과 같은 아내니라. 옥야여, 그대는 이 일곱 가지 아내의 어느 것에 속하는가?"

그럼 부처님이 설한 일곱 종류의 아내의 내용을 보자.

첫째, 원수와 같은 아내란 언제나 성내는 마음을 지니고 남편을 보아도 반기지 않고 부부라는 생각이 없이 나그네처럼 여기며 걸핏하면 싸우려고 으르렁거리며 조금도 어려워하는 마음이 없으며, 집안 살림은 돌보지 않고 바람을 피우면서 부끄러운 줄을 모르고 그 모습이 짐승같아 친척들을 욕되게 하는 아내다.

둘째, 도둑과 같은 아내란 밤낮으로 성난 마음으로 대하며 친정이나 이웃과 짜고 남편의 재산을 빼내려 하고, 정부를 두고는 틈을 보아 남편을 죽이려 하나 남이 알까 두려워 망설이는 아내다.

셋째, 주인과 같은 아내란 일하기를 싫어하고 게으르며 거칠은 말로 남편을 학대하며 남편이 하는 일마다 불평 불만을 늘어놓고 하녀나 앉아 부리고 남편에게 친정 자랑을 늘어놓고 큰소리를 치는 아내다.

넷째, 어머니와 같은 아내란 남편을 아끼고 생각하기를 어머니가 자식 생각하듯 연민의 정으로 밤낮 그 곁을 떠나지 않고 때에 맞추어 먹을 것을 준비하며 남편이 밖에 나갈 때는 남들에게 흉 잡히지 않도록 마음을 쓰는 아내다.

다섯째, 누이 같은 아내란 남편을 받들어 섬기기를 혈육을 나눈 형제와 같이 마음과 정이 있으며 누이가 오라비를 섬기듯 거짓없는 마음으로 남편을 섬기는 아내다.

여섯째, 친구와 같은 아내란 남편을 보고 기뻐해서 마치 오래 만나지 못한 친구를 만난 것처럼 하고 어떤 비밀이라도 서로 말하며 잘못을 보고 충고하고 좋은 일은 칭찬하여 지혜가 더욱 밝아지도록 하여 서로 사랑하고 의지해서 어린 벗과 같은 아내다.

일곱째, 종과 같은 아내란 항상 어려워하고 조심하여 교만하지 않으며 설사 박대를 할지라도 원망하지 않고 묵묵히 살아 딴 생각을 내지 않으며, 공경과 정성을 다해 어른을 받들고 겸손과 순종으로 남편을 대하여 일찍 일어나고 늦게 자며 항상 엄하게 자기를 단속하여 예의로 몸가짐을 가지며 남편이 들기는 것을 권하고 말이나 얼굴빛에 질투가 없으며 오해를 받더라도 그것을 밝히려 다투지 않으며 마치 종이 상전을 섬기듯 하는 아내다.

이로 미루어 스스로 '나는 이 일곱 가지의 아내 가운데 몇 번째 아내이며, 몇 번째 며느리가 되겠는가' 하고 한번쯤 가늠할 수 있을 것이다.

모르면 불효

《옥야경》에 '착한 며느리는 현세에 명예가 있어 이웃이나 친척들이 공경하고 복을 받아 후생에는 천상에 났다가 천복이 다하여 다시 세간에 나더라도 고귀한 자의 자손이 되거나 나는 곳마다 존경을 받을 것이다. 그리고 악한 며느리는 이웃이나 친척의 미움을 받다가 죽어서 지옥, 축생, 노비에 떨어져서 헤어날 기약이 없을 것이다.”고 했다.

그렇다면 며느리가 효도를 하는 때는 얼마만큼의 지혜가 필요할까. 아무래도 머리가 똑똑한 며느리보다는 가슴이 따뜻한 며느리가 더 잘할 것 같다. 듣기에 '배운 며느리에게 밥 얻어먹기 힘들다' 는 말도 있는데, 배움의 양과 효가 정반대의 길을 걷고 있는 현실이 안타까울 뿐이다. 효자 효부, 그거 아무나 할 수 있을 만큼 그리 단순치 않으니 남다른 지혜가 있어야 가능한 것이다.

고려 17대 인종의 왕비인 이씨는 세력가 이자겸의 딸이다. 소위 '이자겸의 난' 이라 하여 어린 인종을 이자겸이 자기 집에 두고 죽이려고 할 때 왕비 이씨를 시켜 독이 든 음식을 상에 차려 가져 가서 먹게 했다.

이때 이씨는 친정 아버지의 말을 따르면 남편인 왕이 죽어 불충이고, 안 들으면 불효가 된다는 생각에 음식상을 들고 가다가 일부러 넘어지며 음식을 땅에 엎질렀다. 이리하여 겨우 남편의 목숨을 살리는 동시에 아버지의 말도 거역하지 않은 셈이 되었다.

얼마 후 이자겸이 세력다툼에서 패하자 왕비 이씨도 역적의 딸이라 하여 폐비를 시켰다. 그래도 왕은 항상 상을 엎지른 공, 즉 복완지공(覆椀之功)이 있다하여 토지와 노비를 하사하고 항상 돌보아 주었다 한다.

6

불효자는 3대가 괴롭고

불효자는 웁니다

고려말의 유학자 야은 길재 선생은 '충신은 반드시 효자가 나오는 가문에서 나오는 것이니, 거기에서 구하라' 고 했다.

요즘으로 치면 효자 집안에서 모범 학생과 모범 사원, 모범 공무원, 모범 지도자가 나온다는 말이니, 효 교육이나 효 마케팅 같은 것을 하면 그 효과가 매우 크리라 생각된다. 모름지기 세상에 활개치고 있는 청소년 범죄, 사회 각계 각층의 부정부패, 패륜사건이나 범죄를 저지르는 자 가운데 효자가 있을 리 있겠는가 생각해 볼 일이다.

당장 내게 이롭고 돈이 된다는 것이라면 팥으로 메주를 쑨대도 믿으면서, 정작 그렇지 아니하면 부모님의 말, 공자님, 예수님, 부처님의 말은 들은 척도 아니하니 그 인생의 후일이 염려될 뿐이다. 물론 불효자도 성공하고 출세할 수는 있겠지만, 효자가 아니면서 일생에 참다운 행복을 누리기는 어려울 것이다.

청와전설(靑蛙傳說)은 우리나라 각급 학교의 교과서보다도 더 이롭다는 생각에서 얘기를 하지 않을 수 없다.

옛날에 불효 막심한 청개구리가 있었는데, 그 어미개구리 말에 언제나 거역하여 동쪽으로 가라면 서쪽으로, 산에 가라면 강으로 갔다. 임종이 가까워진 어미개구리는 그를 불러 유언을 했다.

"내가 죽거든 산에 묻지 말고 강가에 묻어다오."

사실은 산에 묻히고 싶었던 어미개구리였지만 또 어미 말과 반대되는 행동을 하리라 생각해 낸 말이었다. 어미개구리의 죽음을 슬퍼한 청개구리는 생전에 순종하지 못한 것을 후회하며 마지막 유언이나마 들어주리라 생각하여 강가에다 묘를 썼다.

그뒤로부터 장마가 질 때마다 어미개구리의 산소가 떠내려 갈 것을 걱정하여 청개구리는 개골개골 슬프게 운다고 한다.

불러봐도 울어봐도 못 오실 어머님을
원통해 불러보고 땅을 치며 통곡해요.
다시 못 볼 어머니여.
불초한 이 자식은 생전에 지은 죄를
엎드려 비옵니다.

언젠가 TV 연속극에서 진방남의 '불효자는 웁니다'를 들려주는데 저 슬피우는 청개구리의 불효가 생각나서 여기 다시 옮겨본다.

고부(姑婦)는 영원한 맞수?

시어머니와 며느리는 영원한 맞수관계인가? 참으로 미묘한 관계인 것만은 부인할 수 없는 것 같다. 물론 주위에 보면 마치 친모녀처럼 사이좋게 지내는 시어머니와 며느리들도 많다.

하나 흥미로운 것은 어떤 의사의 경험에 의하면, "우리 어머니 건강이 어떠신지 좀 봐 주세요."하는 젊은 여인의 말에서 그가 딸인지 며느리인지를 알 수 있고, "우리 아이 건강이 어떻습니까?"하고 묻는 말에서 그 어머니가 시어머니인지 친정어머니인지 알 수 있다는 것이다. 말하자면 어감, 태도, 표정 등에서 그것을 짐작할 수 있다는 것이다.

옛날에 사이가 나쁜 시어머니와 며느리가 살았다. 시어머니는 며느리가 하는 일에 사사건건 트집을 잡았다. 참다 못한 며느리가 남편에게 괴로움을 호소해 보았지만, 남편은 3대 독자 외아들로 자란 왕자님이라 말이 통하지 않았다. 어떻게 이것을 안 시어머니의 구박은 더욱 심해졌다. 드디어 며느리는 속병이 나 다 죽어가는 몰골을 하고 한의원을 찾았다.

며느리는 독한 마음을 먹었다. 의사에게 사정을 털어놓으면서 제발 시어머니를 돌아가시게 할 약을 달라고 사정했다.

의원은 고개를 끄덕이며 비방을 지어주면서, 한 번에 드시게 하지 말고 1년 동안 나눠서 매일같이 떡에 섞어 드리면 아무도 눈치채지 못하게 죽을 것이라고 일러 주었다.

이튿날부터 며느리는 그 약을 섞은 하얀 찹쌀떡을 하루도 거르지 않고 시어머니에게 드렸다. 처음엔 어린애처럼 내가 그 따위 떡 한 개에 넘어갈 줄 아느냐 하던 시어머니도 매일 떡을 얻어먹다 보니 슬슬 생각이 달라지기 시작했다. 며느리도 1년만 고생하면 '저 원수같은 시어머니 안 봐도 된다'는 생각에서 영 내키지 않은 일이었지만 꾹 참고 잘 견디어냈다.

그런데 믿기지 않는 일이 일어났다. 시어머니는 차츰 이러는 며느리가 믿지가 않아지는 것이다. '내가 너무했나, 저리 착한 며느리인데' 그러면서 며느리가 이쁘고 고맙게 보이기 시작하는 것이다. 드디어 1년이 가까워 왔다.

시어머니의 달라진 모습에 마음이 풀린 며느리는 자기가 꾸민 일이 후회가 되고 다급해서 다시 그 한의원을 찾아가 눈물로 호소하며 이번에는 "제발, 우리 시어머니 죽지 않게 해 달라"며 사정사정하며 의사에게 매달리는 것이다. 그러자 의사가 웃으며 말했다.

"안심하세요. 시어머니는 돌아가시지 않습니다. 그때 그 약은 그냥 밀가루였소."

7

효자는 3대가 즐겁다

버릴 수 없는 어버이

서울의 한 경찰서에서 5형제가 조사를 받았다. 피해자인 장남 이모 (56, 공무원)씨는 고개를 들지 못한 반면 폭력 피의자로 붙잡혀 온 이 씨의 동생 4명은 오히려 당당한 태도였다. 이들 '올빼미 5형제'의 갈등은 93년부터 치매 증상을 보이는 어머니(76)의 부양 문제 때문이었다고 한다.

이씨의 동생 4형제는 함께 모여 술을 마시며 한두 달씩 돌아가며 어머니를 모시는 자신들에 비해 맏형인 이씨는 방관만 하고 있다고 성토하다 자정쯤 이씨 집으로 몰려갔다. 그러나 이씨가 문을 걸어 잠그고 전화마저 끊어버리자 출입문을 부수고 화분을 던지는 등 소란을 피웠고 결국 이 와중에 형 이씨가 경찰에 신고를 한 것이다.

동생들은 5남 1녀 중 형만 어머니에게 무관심해, 두 달 전 형의 집에 잠시 머무르던 어머니의 손과 팔에 이빨자국이 나 있는가 하면 머리카락이 한 웅큼 빠져 있는 등 학대의 흔적이 있었다며 맏형을 성토했다.

한편 이씨는 동생들이 1천만 원만 주면 어머니 부양문제를 더 이상 거론하지 않겠다고 각서까지 써 줬다면서 고개를 들지 못했다. 이런 모습을 보는 경찰관 또한 "모두들 치매 어머니를 모시기 싫어하는 것 같은데 어떻게 처리하면 좋겠느냐"며 혀를 찰 뿐이었다.

현재 우리나라 치매 노인 수는 약 10여 만 명이라는데, 전문가들은 점차 개인 이익이 우선하는 사회 흐름을 타고 현대인들이 전통적인 충효 가치관을 잃고 있는데다 치매노인들을 돌볼 수 있는 전문 요양기관의 절대부족(전국에 5~6개로 천명미만 수용)과 비용문제 등이 맞물려 이같은 패륜 현상이 갈수록 심각한 사회문제가 되고 있다고 보고 있다.

옛날부터 올빼미라는 새는 그 어미를 잡아먹는 불효의 새로 알려져 있다. 사람 또한 커 가면서 부모의 등골을 빼먹고 어른이 되서도 사업자금 내놔라 유산 더 내놓으라며 그 어미를 몰아세우고 때로는 죽이기도 하는 세상이니, 저 올빼미와 다를 바 하나 없다는 생각이다. 일찍이 이런 인간과 재물의 무상을 한산(寒山)은 올빼미에 비유하여 시로 남겼다.

탐욕 많은 사람 재물을 모으는 것은
올빼미 그 새끼를 사랑하는 것 같아,
그 새끼 자라 어미를 먹는 것처럼
재물 많아지면 도로 내 몸 망치나니
재물을 흩으면 복이 생기고
재물을 모으면 화가 생긴다.
진실로 재물도 없고 화도 없으면
저 푸른 구름 속에서 날개를 치리.

노인의 지혜

아득한 옛날 기로(棄老)라는 나라가 있었다. 이 나라는 노인은 쓸모 없는 존재라며 60세가 넘으면 노인을 모두 먼 곳에 내다 버리게 하는 국법이 있었다. 이를 어기면 모두 엄한 처벌을 받았다. 그 나라에 한 어진 신하가 있었는데 그는 효성이 지극한 사람이었다. 아버지가 나이가 들어 내다버릴 때가 되자 차마 그러지 못하고 땅 속에 구덩이를 파고 밀실을 만들어 남몰래 그곳에다 아버지를 모시고 봉양했다.

어느 날 이웃나라 국왕이 뱃가죽이 등에 붙고 갈비뼈만 앙상한 사람을 보내 이 사람보다 더 고통을 당하는 자가 있느냐고 물었다. 만일 이 문제를 풀지 못한다면 너희 나라를 멸망시키고 말겠다고 선언했다. 이웃나라는 매우 강성한 군대를 보유하고 있었다. 따라서 전쟁을 하면 승패는 불을 보듯 뻔한 것이었다.

기로국의 왕과 대신들은 벌벌 떨면서 대책을 강구했으나 아무도 아는 사람이 없었다. 왕은 전국에 포고를 내려 이 난제를 푸는 자에게는 큰 상을 내리겠다고 했다.

아버지를 땅 속에 모신 대신은 집에 돌아와 혼자 상심했다. 이를 본 부친이 무슨 이유냐고 물었다. 당신을 숨긴 것이 발각될 것이 두려워서 그런다면 스스로 집을 나가겠다고 말했다. 대신은 아버지에게 사실을 말했다.

"애야, 그런 것이라면 간단하다. 세상에는 부모를 부양하지 않고 성직자를 가해하고 부부가 배반하고 삼보를 비난하는 사람이 있단다. 그들은 모두 살아서도 괴로워할 것이며 죽으면 지옥에 떨어져 고통받을 것이다. 그 고통에 비하면 이 사람의 고통은 편안한 것이다."

효자 대신의 대답으로 기로국은 겨우 전쟁의 참화를 면할 수 있었다. 그러나 강성한 이웃나라 왕은 다시 문제를 냈다. 천하절색 미녀를 보내놓고 이보다 더 아름다운 사람이 있겠느냐고 물었다. 이번에도 대신의 늙은 아버지가 해답을 가르쳐 주었다.

"삼보(불·법·승)에 귀의하고 부모에게 효도하며, 참고 정진하는 사람은 미녀보다 아름답다. 미녀야 겉모습만 아름답지만 그는 속마음이 아름답기 때문이다."

이리하여 작은 나라는 강성한 나라의 시험에 모두 답할 수 있었다. 강성한 나라의 왕은 감탄했다. 작은 나라이지만 지혜있는 사람이 있고 부모를 공경하며 도덕이 있는 나라임을 알게 됐다. 그리하여 전쟁을 일으키지 않기로 했다.

기로국의 왕은 대단히 기뻐하면서 많은 상을 내렸으나 대신은 이를 사양했다.

"왕이시여 그것은 소신의 지혜가 아니옵니다. 저의 아버지 지혜입니다. 황공하옵게도 저는 국법을 어겨 가면서 부친을 내다 버리지 않고 집에 모시고 있사옵니다. 저의 잘못을 벌하여 주시옵소서. 그러나 아버지는 벌하지 마옵소서."

기로국의 왕은 감동했다.

"그대의 부친은 나라와 국민의 목숨을 구했소. 이보다 더 큰 은혜는 없소. 그리고 그대의 지극한 효성은 상을 받을 자격이 있소."

왕은 즉시 전국에 포고하여 그날부터 노인을 내다버리는 것을 금하

고 효도를 다하도록 했다. 부모를 공경하지 않고 스승을 존경하지 않
는 자는 큰 죄인으로 다스리기로 했다.

'노인과는 지혜를 겨루지 말라'고 한 말이 생각나는 이야기다.

8

효(孝)는 나라의 팔자도 바꾼다

효도대왕 정조

"처자를 사랑하는 마음으로써 부모를 섬기면 그 효성이 극진할 것이요, 부귀를 보전하려는 마음으로써 임금을 받들면 충성 아닌 것이 없을 것이요, 남을 꾸짖는 마음으로써 자기를 꾸짖는다면 허물이 적을 것이요, 자기를 용서하는 마음으로써 남을 용서한다면 사귐은 온전할 수 있다."

《명심보감》에 나오는 말이다. 자고로 제 어버이를 사랑하지 않고 남을 사랑하는 것을 패덕(悖德)이라 했고, 제 어버이는 공경하지 않으면서 남을 공경하는 것을 패례(悖禮)라 했다. 한 마디로 효가 안 되는 사람은 진정한 인격자가 될 수 없다는 결론이다.

효자로 칭송받는 정조는 즉위하면서 아버지 사도세자의 비참한 죽음에 대한 명예회복을 도모했다. 다음 일화는 그의 효성을 짐작케 한다.

경기 양주 땅 배봉산에 있던 부친 사도세자의 능을 화산으로 옮긴 정조대왕은 오매불망 비참하게 뒤주 속에 갇혀 죽어간 아버지 생각뿐이었다. 불현듯 선왕이 그립다거나 전날 밤 꿈자리만 사나워도 정조는 혹시 능에 무슨 해로움이 있는지 염려하여 손수 방문하여 살피고 돌아오는 길에 꼭 수원 용주사에 들러 능을 돌보는 일을 당부하곤 했다.

어느 더운 여름날이었다. 그날도 대왕은 바쁜 국사를 잠시 접어두고 현릉원을 참배하고 주위를 돌보고 있었다. 그때 문득 송충이가 솔잎을 갉아먹는 것이 정조의 눈에 띄었다. 순간 대왕의 가슴이 아파왔다. 송충이를 잡아 든 대왕은 "네가 아무리 미물인 곤충이지만 이리도 무엄할 수 있단 말이냐! 비통하게 돌아가신 것도 마음이 아픈데 너까지 어찌 괴롭히느냐." 하고 송충이를 이빨로 깨물어 죽여버렸다. 정조대왕의 이 황당한 행동에 동행했던 시종들은 모두 몸둘 바를 모르고 있다가 우루루 달려들어 남은 송충이를 모조리 잡아 죽였다.

이 송충이 사건 후부터 현재까지 융건릉 주변에는 송충이를 찾아볼 수 없다고 한다.

함께하는 즐거움

효는 하루 아침에 이를 수 있는 과제가 아니다. 자자손손 대를 이어 전승되어 꽃을 피운다. 부모가 자녀에게 말로는 훌륭하게 훈도를 하면서도 실제로는 좋지 않은 행동을 보여준다면 이는 마치 한 손으로 음식을 주면서 다른 한 손으로는 독약을 주는 것과 같이 위태로운 일이다.

공자의 여러 제자 중에 증자는 특히 효성이 지극했다. 하루는 증자의 아내가 시장에 가려고 나서는데, 아이들이 따라가겠다고 칭얼대는 것이었다. 증자의 아내는 아이들을 떼어놓으면서 말했다.

"얘들아, 집에 있거라, 내가 장에 갔다 와서 저 돼지를 잡아 줄 터이니" 하고 약속했다.

아내가 장을 보고 돌아오니 남편이 돼지를 끌어내어 잡으려고 하는 것이었다. 깜짝 놀란 아내가 "아니, 왜 이래요? 누가 정말로 돼지를 잡

아주겠다고 한 것인가요? 애가 하도 따라오겠다기에 달래려고 그렇게
말했을 뿐이에요." 하면서 펄쩍 뛰었다.

이 말을 듣고 난 증자는, "아이들에게 그런 실없는 말은 하는 게 아
니오. 아이들은 부모에게 배우는 것이오. 어머니가 자식을 속여서 믿
지 못하게 된다면 교육이 어찌 있을 수 있겠소" 하고는 그 돼지를 잡아
서 아이들에게 먹였다.

신문을 뒤적이는데, '몸 불편한 노모 안고 피서 온 50대 가장 효성에
감동' 이란 제목이 눈길을 끈다. 독자의 편지난에 기고한 글이었다.

모처럼 종친회, 친목회에서 부부동반으로 제주도 여행을 하던 중 일
정에 따라 하루를 함덕 해수욕장에서 보내게 되었다. 회원들은 대개
40, 50대 부부들이어서 부인들은 반바지에 티셔츠를 입고 물가에 앉
았고, 남편들은 물 속에 들어가 어린아이들마냥 물장난을 하며 즐기고
있었다.

그런데 우리 옆에 봉고차가 한 대 들어왔다. 뒤따라 그 가족들도 내
려왔다. 남자의 팔에 안긴 여자는 80세 이상은 됐음직한 할머니였는데
안동포 적삼을 곱게 입고 있었다. 아마도 거동이 불편한 노모를 모시
고 식구들이 피서를 온 모양이었다.

50대 아들은 어머니를 안은 채 물가로 가더니 물 속 바위에 걸터앉
았다. 그러더니 '어머니 시원하시죠' 하며 어머니의 어깨에 물을 뿌려
드리고 있었다. 미소를 짓고 앉아 있는 모자간의 모습은 한폭의 그림
이었다. 너무도 아름답고 참다운 효자상을 보는 것 같아 우리는 넋을

잃고 바라다보고 있었다. 그 주위에는 며느리와 손자들이 왔다 갔다 하며, 수박을 입에 넣어 드리고 있었다. 제주도의 경치가 아무리 아름답다고 해고 이렇게 좋은 풍경은 없을 것이다.

문득 나도 아들을 데리고 와서 그 모습을 보여줬더라면 하는 생각을 했으나, 순간 가슴이 찡하는 부끄러운 감정을 억제할 수 없었다. 이 더위에 집에만 계실 아버님과 어머님 생각이 떠올랐기 때문이다.

이 세상 어느 자식이 저러한 효성을 보일 수가 있을까. 어느 누가 몸이 불편한 노모를 모시고 피서를 가려고 할 것인가. 유행과 젊음이 넘치는 해수욕장에서 진한 효성심을 느낄 수 있었던 올 여름여행은 나에게 더 없는 감동을 안겨준 것 같았다.

(현숙훈, 서울 강서구 화곡동, 동아일보, 1994. 8. 14)

세월의 무게를 다는 법

군에서 막 제대한 청년이 취업을 앞두고 잠시 양로원에서 봉사활동을 하고 있었다.

점심 식사를 마치고 노인들과 잔디밭을 거닐던 그는 노인 한 분을 업어드렸다.

"아이쿠, 할머니 뭘 드셨기에 이리 무거우세요?"

"내, 나이를 좀 먹었지~"

순간 청년은 말문이 막혔지만 이내 정신을 차리고 대꾸를 했다.

"할머니, 아직 소화가 덜 됐나봐요."

"그럼 방귀 좀 낄까?"

이번에도 청년은 잠시 머뭇거리다가 가까스로 응대를 했다.

"할머니, 코가 아니고 다리가 문제지요."

그러자 할머니가 청년의 목을 꼭 끌어 안으며 말했다.

"여보게, 세월의 무게를 저울로 달 수 있겠나?"

드디어 청년은 '세월의 무게'를 두 다리로 느낄 수 있었다.

※ 이 이야기를 아는 친구에게 해 줬더니

"그건 '박카스 선문답'이라 하면 좋겠군" 하는 바람에 껄껄 웃었다.

제6부

팔자고치기 심이요법

1

나의 길

'나'는 실재하는가?

우리가 잘 아는 우화 가운데 소풍간 돼지들에 관한 이야기가 있다. 즐거운 소풍의 하루 일정을 마치고 마지막 점검을 위해 돼지들의 머리 수를 세던 우두머리 돼지가 자신을 빼놓고 세는 바람에 한 마리를 찾으려고 시간을 허비한다는 내용이다.

도대체 '나'는 누구인가? 나를 모르고서 어찌 인생을 논할 수 있으며 행복이 뭔지 논할 수 있겠는가.

그럼, '나는 실재하는가?'에 대하여 문답을 나눈 미란다 왕과 나선 비구의 얘기를 엿들어 보기로 하자.

미란다 왕이 나선 비구에게 "존자여, 존자의 이름은 무엇입니까?"라고 물었다.

"나는 '나선'이라고 부르오. 나의 친구들도 그 이름으로 부르고 있소. 그러나 그것은 다만 세상 사람이 인정하는 하나의 명칭에 지나지 않는 것이오. '나'라고 하는 존재가 그 속에 있는 것은 아니요, 영구 불변하는 '나'가 그 속에 있는 것이 아닙니다."

"만일 영구불변하는 '나'가 없다면 그럼 누가 있어 그 시주물건을 받으며, 누가 바른 생활을 영위하며 누가 선정을 닦아서 열반을 얻습니까? 만일 '나'가 없다면 선과 악을 짓는 자도 없고 선악의 과보를 받

는 자도 없을 것이 아닙니까? 그러면 '나선' 이라고 이름지은 그 자체
는 무엇입니까? 존자의 피부, 살, 뼈, 힘줄, 발톱, 오장육부 어떤 부분
을 '나선' 이라고 합니까?"

"그것은 다 나선이 아니오."

"그러면 그 형체가 전부입니까?"

"그것도 아니오."

"그러면 느끼고 생각하는 의식입니까?"

"그것도 아니오."

"그러면, '나선' 이라고 인정할 것이 없으며 '나선' 이란 다만 헛된 음
성에 지나지 않으니, 나의 눈앞에 보이는 '나선' 은 과연 무엇이란 말입
니까?"

"대왕이여! 대왕이 이 자리에 나오실 적에 걸어오셨는가 수레를 타
고 오셨는가?"

"나는 마차를 타고 왔소."

"마차를 타고 오셨다면, 그 수레에는 바퀴, 바퀴살, 굴대, 차대, 좌
상, 멍에, 막 등이 있으니 그 어느 것을 '수레' 라고 합니까?"

"그 어느 하나를 수레라고 하는 것이 아니고 그 바퀴, 바퀴살, 굴대
등 전부를 일컬어 하나의 수레라고 이름지었습니다."

"그렇습니다. 대왕은 수레의 뜻을 잘 아셨습니다. 바퀴, 바퀴살, 굴
대 등 그 어느 한 부분을 수레라고 할 수도 없습니다. 마찬가지로 우리
인체는 피부, 살, 뼈, 힘줄, 피 등의 부분이 서로 어울려서 이룩된 모양
을 보고 세상 사람은 나를 '나선' 이라고 부릅니다. 이 '나' 라는 자체를

뜯어보면 그 가운데 영구적인 '나'란 없습니다. 그러므로 하나의 생명체는 오온(五蘊:색·수·상·행·식)의 가합(假合)이요, 그 실체인 '나'란 존재하지 않는 것입니다."

'나'를 가장 사랑하는 사람들

우리의 생활은 사상(四相)의 범주 내에서 이루어지고 있다. 사상이란 아상(我相)·인상(人相)·중생상(衆生相)·수자상(壽者相)을 말하는데, 각각의 뜻은 '5온이 가짜로 모여 합해진 것을 실아(實我)가 있다 하거나 내 것이 있는 줄로 생각하는 것', '우리는 사람이니 아귀나 짐승하고는 다르다고 짐작되는 것', '정식(情識)이 있는 생물이며 윤회하는 법수라고 믿고 있는 것', '우리는 선천적으로 길든 짧든 간에 일정한 수명을 받았다'고 생각하는 것을 말한다.

이 모든 생각은 잘못된 것으로 이 때문에 중생의 운명이 고통스럽고 끝없이 생사의 윤회를 하는 근본 원인이 되고 있다. 우리의 인생이 괴롭고 불행하게 되는 것은 바로 잘못된 '나'라는 생각 때문에 빚어진 해프닝에 불과하다.

옛날 파세나디라는 왕에게 지혜로운 왕비가 있었다.

어느 날 파세나디 왕이 왕비와 함께 높은 누각에 올라가게 되었다. 발 아래로 아름다운 산과 들이 아득하게 펼쳐져 있었다. 참으로 웅대하고 장엄한 풍경이 아닐 수 없었다.

그때 왕이 문득 왕비를 바라보며 물었다.

"그대는 이 세상에서 가장 사랑스런 사람이 누구라고 생각하시오?"

왕은 틀림없이 자기가 가장 사랑스런 사람이라고 말하리라고 믿고 있었으면서도 그 말을 왕비로부터 직접 듣고 확인하고 싶었던 것이다. 그런데 왕비의 대답은 의외였다.

"그야 이 세상에서 가장 사랑스런 것은 저 자신이지요. 마마께선 스스로가 자신을 사랑하지 않으신지요?"

왕은 마음에 썩 들지 않은 대답이어서 영 기분이 나빴다. 그래서 누각에서 내려오자마자 기원정사로 가 석가모니에게 가르침을 청했다. 왕의 질문을 받은 석가모니는 왕에게 이렇게 말했다.

"이 세상에서 자기 자신보다 더 사랑스런 것은 없습니다. 사람의 생각은 어디에나 미칠 수 있습니다. 몸은 여기에 있으나 마음은 30년 전에 떠난 고향산천을 그릴 수도 있습니다. 그리고 시간만이 아니라 공간도 초월하여 잠시 친구의 얼굴을 그리다가 하던 일을 곧 다시 할 수도 있습니다. 그러나 자신을 버리라 하면 아무도 자기 자신을 버릴 사람은 없습니다. 때문에 사람은 언제나 자기보다 더 사랑스런 이를 찾아낼 수가 없습니다. 남이 있어도 자기 자신이 더 사랑스런 존재일 뿐입니다. 이렇게 자기 자신이 사랑스런 만큼 다른 사람도 역시 자기자신이 사랑스럽기 때문에 남을 해쳐서는 안 되는 것이지요."

당신의 마음

'천 길 물 속은 알아도 한 길 사람 속은 모른다'는 말도 있지만 제아무리 뛰어난 독심술을 부린다 해도 한 사람의 본심을 헤아리기는 어려울 것이다. 일일삼천심(日日三千心)으로 변하는 마음, 저 들판에 고삐

풀린 망아지처럼 뛰노는 마음의 흐름을 무슨 수로 알겠다는 것인가.

오죽했으면 '김심(金心)'을 알겠다고, 그래서 그 집 '김밥' 좀 얻어 먹겠다고 '김밥집' 앞에 장사진을 치고 기다리는 정치인들이 있었겠는가. 참 딱하기도 하다. 정작 내 마음도 모르면서 누구의 마음을 알겠다고 눈치를 살피시는지 '지금도 알 수 없는 당신의 마음'은 연애하는 사람이나 정치하는 사람이나 도닦는 사람이나 다 함께 풀어야 할 화두(話頭)가 아닐 수 없다. 그 화두가 풀렸을 때 '김심'도 '당신의 마음'도 '부처의 마음'도 본래 한마음(一心)에서 나왔음을 깨닫게 될 것이다.

울산시에 사는 장모(45)씨의 직업은 꽃행상이다. 그는 이른 새벽 꽃을 팔아 아내와 두 딸을 부양하는 가난한 가장이다.

불행히도 그의 아내 김모(41)씨는 유방암 진단을 받고 시한부 생명을 살고 있다. 장씨는 매일 새벽 꽃장사로 번 돈을 모두 아내 치료비로 쓰고, 부족한 치료비 때문에 애태우면서도 큰 병원을 오가며 아내의 치료에 매달렸다. 그러나 아내의 병세는 점점 악화돼 지난 연말 퇴원하여 집에 머물게 되었다. 장씨는 아내가 몸을 가누지 못하자 대소변을 받아 내며 정성껏 간호하여 친정어머니를 비롯한 주위 사람들의 가슴을 뭉클하게 했다.

그러나 지난 12월 19일 낮 12시 20분쯤 장씨의 둘째딸(17)은 너무도 엄청난 일을 당했다. 안방에서 아버지가 문고리에 목을 매 숨져 있고, 어머니도 외출복 차림으로 누워 숨져 있는 것이었다. 남편 장씨는 유방암에 걸린 아내가 숨지자 청혼할 때 아내와 함께 죽기로 한 약속을 지키겠다며 따라서 목숨을 끊은 것이다. 장씨가 두 딸 앞으로 남긴

5장 짜리 유서에서 한국판 '지상에서의 마지막 동행'을 확인할 수 있
다.

"너희 엄마가 불쌍하고 애처로워 혼자 보내지 못하니 아빠가 함께
간다. 청혼할 때 함께 죽기로 약속했기 때문에 아빠는 그 약속을 지켜
야 한다. 사랑하는 내 아내, 내가 책임지고 함께 가니 행복하다."

아내와의 사랑의 약속을 지키겠다고 자살을 감행한 이 남편의 행동
은 한편 아름다우면서 한편 아타깝기도 하다. 현실 속의 청춘 사랑이
나 황혼 사랑에서도 가끔 일어나는 이런 동행자살은 과연 이른바 '선
택의 미학(美學)'으로 기념할 만한가?

부부는 싫어서 헤어져도 남남이지만 좋아서 죽어도 남남인 것을 왜
모를까. 숨 끊어지는 순간 잡은 손은 그대로지만 두 사람의 영혼은 각
자의 업에 따라 갈 곳이 정해지니 그 간 곳을 끝내 알 수 없는 것이다.

2

생각의 길

생활 속의 지혜

바보는 현자가 1년 걸려서도 물을 수 없을 만큼 많은 질문을 단 한 시간에 한다고 했던가. 원효의 말을 빌면, "지혜로운 자가 하는 일은 쌀로 밥을 짓는 것과 같고 어리석은 자가 하는 일은 모래로 밥을 짓는 것과 같다. 수레의 두 바퀴처럼 행동과 지혜가 갖추어지면 새의 두 날개처럼 나에게 이롭고 남도 돕게 된다."라는 것이다.

어느 공부를 많이 한 학자가 나룻배를 타고 강을 건너게 되었다. 꽤 넓은 강이라 지루한 시간을 달래며 사공에게 말을 건넸다.

"사공양반, 히랍의 철학자 플라톤을 아시오?"

"모르겠는데요."

"그러면 당신은 철학을 모르기 때문에 인생의 절반을 잃은 것이오."

그러면서 다시 질문을 했다.

"그럼 프랑스라는 나라가 어디 있는지 아시오?"

"모르겠는데요."

"그러면 당신은 인생의 4분의 1을 잃어버린 것이오."

점점 신이 난 학자는 또다시 질문을 했다.

"그럼 시라는 것에 대하여 좀 아십니까?"

"아니오, 모릅니다."

쯔쯧, 혀를 차며 계속 질문을 퍼붓던 학자는 불쌍하다는 듯이 사공을 쳐다보았다. 그때 갑자기 돌풍이 불면서 그만 배가 뒤집히고 말았다.

이때 사공은 물에 빠져 허우적거리는 학자를 향하여 "학자양반, 수영할 줄 아시우?" 하고 물었다.

"어푸, 어푸! 난 수영을 못합니다. 저를 좀 도와주시오."

"그렇다면 학자님은 인생의 전부인 목숨을 잃어버린 것이오."

마치 이 세상 모든 것을 자기만이 아는 것처럼 떠들어대던 학자 양반은 정작 자기 몸 하나 마음대로 가눌 줄도 몰랐다.

행운의 주인공

확률 얘기를 할 때 흔히 하게 되는 얘기가 있다.

어떤 의사에게 환자가 찾아왔다. 이 의사는 환자를 진찰해 본 후에 이렇게 말했다.

"당신, 내 병원에 참 잘 오셨소. 당신의 병은 내 병원에서 완쾌할 것이오. 아무 염려하지 마시오."

이 말을 들은 환자는 대단히 기뻤지만 한편으로는 의아해했다. 그동안 무수히 많은 병원을 돌아다녀 보았지만 모두 "우리 병원에서는 당신 병을 고치기 어려우니 다른 데나 가 보시오." 하고 거절을 당하고 여기까지 오게 된 것이었다. 환자가 의사에게 물었다.

"의사 선생님, 내 병은 도대체 무슨 병이기에 다른 병원에서는 자신이 없다고 해서 여기까지 왔는데, 당신은 그렇게 자신을 가지십니까?"

의사는 답변하기를,

"당신이 알고 있는 병은 사망확률이 99%지요. 그러나 그동안 내 병원에 당신 병을 가진 사람이 99명이 와서 모두 죽어 나갔소. 그러니 당신은 틀림없이 나머지 1% 행운의 주인공이 될 거 아니오?"

아마 확률론에 대한 이해를 가진 의사라면 농담이 아닌 한 이런 이야기를 하지는 않을 것이다. 그러나 마냥 웃을 일만도 아니다. 사람이 급하면 지푸라기라도 잡으려고 하는지라, 정작 1%의 가능성에 매달리며 기도하여 구원을 바라는 사람도 없지 않으니 말이다. '희망'이라는 이름으로.

지혜는 가까이에 있다

유태인의 이야기 중에는 어리석은 자나 어리석음을 테마로 한 것이 많다.

체르마라는 마을이 있었다. 옛날엔 흔히 볼 수 있는 그런 작은 마을이었다. 이 체르마에 이르는 길은 절벽으로 이어진 가늘고 꾸불꾸불한 길이었다. 마을 사람이 절벽에서 떨어져 부상을 입는 일이 잦았다. 그래서 마을 사람들의 큰 고통거리가 아닐 수 없었다.

어부가 절벽에서 떨어져 생선을 운반할 수 없게 되었다. 또 우편배달부가 절벽에서 발을 헛디뎌 편지를 잃어버리기도 했다. 이윽고 우유배달부가 갓 태어난 아기한테 줄 우유를 절벽에서 엎질러 버리는 사고가 일어났을 때 마침내 마을의 장로들이 모여 대책을 세우기로 했다.

장로들은 모여서 머리를 맞대고 아이디어를 짜내기 시작했다. 이런 일이 계속된다면 마을은 폐허가 될 것이다. 어쨌든 뭔가 손을 쓰지 않으면 안 된다는 등 많은 의견이 나왔다. 밤낮에 걸쳐 토론한 결과 사람들은 가까스로 일치된 결론을 얻었다. 어떤 결론이 나왔겠는가? 장로들은 절벽 밑에다 병원을 짓기로 한 것이다.

이 이야기는 아무리 오랜 시간을 토론해 봤자 부질없는 의논은 결코 유익한 대응책이 나오지 않는다는 가르치고 있다. 병원을 만들어 봤자 생선 장수나 우편 배달부는 여전히 똑같은 사고를 거듭할 것이므로.

그래서 사람은 사고력을 키우고 지혜를 닦아야 한다. 때로는 무식한 사람 100명이 엉터리로 풀이한 고등 수학 문제의 답이 한 사람의 수학자가 풀이한 그것을 당할 수 없는 것과 같은 이치다.

3
대화의 길

부부싸움 예방법

칭찬의 말 한 마디가 상대방의 사기를 북돋아 주고 비난의 말 한 마디가 상대방을 기죽게 할 수도 있다. '칭찬하는 문자 하나가 능히 곤룡포를 두르게 하고, 비난하는 문자 하나가 능히 도끼가 되어 내려찍는다'는 것도 다 이런 뜻을 담고 있다. 세 치 혀로 사람을 죽일 수도 있고 살릴 수도 있다 해서 촌철살인(寸鐵殺人)이라 했다.

그런데 '아' 다르고 '어' 다르다는 말도 있지만 남녀의 대화법에는 그 목소리만큼이나 차이가 있는 것도 같다. 언젠가 미국의 언어학자 데버러 태넌이 쓴 《정말로 당신을 이해할 수 없어요》란 책을 본 적이 있다.

유방암 절제수술을 받은 아내가 "젖가슴이 없어지니 정말 살 맛이 안 나요."고 말하자 남편은 대뜸 "그럼 인공유방수술을 받으면 되잖아."고 답한다. 순간 아내는 "인공유방수술 같은 것은 절대로 받지 않아요."라며 토라지고, 남편은 "그럼 날더러 어떡하라는 거냐?"며 화를 내 부부싸움을 하게 된다.

아내는 다음날 찾아온 여자친구로부터 "나도 너같은 경우가 됐다면 정말 죽고 싶었을 거야."란 말을 듣고 비로소 가슴이 후련했다.

남성들은 대화에서 '문제해결의 어법'을 구사하는 반면, 여성들은

'감정공유의 어법'을 사용한다는 것이다. 여성으로서의 수치감을 느끼고 있던 이 환자에게 남편이 "당신의 고통은 엄청난 것이고, 젖가슴이 없어도 당신은 여전히 매력적이야"라고 말했던들 부부싸움은 일어나지 않았을 것이다.

이처럼 모든 부부들이 남성과 여성이 똑같은 어법은 쓰지 않는다는 것을 염두에 둔다면 쓸데없는 부부싸움은 대폭 줄어들지도 모르겠다.

아무리 '부부싸움은 칼로 물베기'라고들 하지만 물장난이 심하다보면 옷이 젖기 마련이다.

엿장수의 마음

'엿장수 마음대로'라는 말이 참 재미있다. 요즘은 엿장수도 조직을 갖춰 기업형이 되어가고 있다. 무슨 시장, 쇼핑센터, 이벤트 등 각종 행사가 열렸다 하면 이들 엿장수들이 사물패를 제치고 먼저 가서 한자리 차지하고 흥을 돋구는 것이다.

나이 지긋한 엿장수가 인간문화재 뺨치는 솜씨로 엿을 팔고 있었다. 춤과 노래를 감상하느라 사람들이 빙 둘러싸고 있는 사이로 아줌마 두 사람이 엿을 살 모양이다.

"아저씨, 엿 좀 주세요."

"예, 그러지요."

엿장수는 솜씨 좋게 가위로 엿을 잘라 주었다. 또 한 여자는 상대가 엿장수지만 노는 폼이 아주 멋있어 보였는가 보다.

"사장님, 엿 좀 주세요."

"예, 고맙습니다."

기분좋게 대답한 엿장수가 선뜻 엿을 잘라 주는데, 먼저 엿을 산 여자가 보니까 자기가 받은 것보다 갑절은 되어 보였다. 그 아줌마는 화가 나서 소리를 지르며 따졌다.

"아저씨, 같은 천 원이데 어째서 이 여자 것은 크고, 내 것은 작아요?"

그러자 엿장수가 가위를 치며 대답했다.

"네, 그야 손님의 엿은 아저씨가 자른 것이고요, 이분의 엿은 사장님이 잘랐으니까요."

지금쯤 그 여자는 '엿장수의 마음'을 알았을 테지.

솔직함의 위력

'정직이 최선의 정책이다'는 말은 명언 사전을 장식하는 악세사리에 불과하다는 생각이 들 때가 있다. 선거철만 되면 마이크가 준비된 곳이면 기를 쓰고 찾아다니던 정치인들이나 그 지망생들, 막상 당선만 되고 나면 회의장에 불참하는 것을 명예로 알고 있는지 끝없는 구설수에 오르내리기 일쑤다. 그런 사람들에게 정직이라는 말은 피하고 싶은 빚쟁이들처럼 싫을 것이다. 걱정스럽다.

불교의 나라 미얀마의 우화 가운데 이런 이야기가 있다. 코브라에게 물려 죽어가는 아이를 데리고 늙은 고승에게 가서 살려 달라고 간청하는 부모가 있었다. 어머니와 아들이 너무나 불쌍해서 중이 가슴을 치며 말하기를 "솔직히 말해서 나는 이 아이를 구할 힘이 없소이다. 그렇지만 내가 숨겨 두었던 정직한 말을 하면 혹시 물보살께서 자비를 베

202

풀지도 모르오. 사실 나는 지금까지 50년 동안 중노릇을 하는 중에 모두들 나를 존경한다 하지만 솔직히 나는 중이 되었을 당시 7년 동안만 행복했고 그 나머지 세월은 줄곧 불행했소이다."라고 참회하자 아이의 머리에 있던 코브라의 독이 가슴으로 내려갔다.

그러자 아이의 아버지가 나서서 말했다. "저도 평생 불교 신자로서 스님이 오실 때마다 시주를 드리고 절간에도 계속 보시를 바쳤지만 사실은 마음이 기뻐서 바친 일은 별로 없습니다." 그러자 아이의 가슴에 있던 독기가 허리로 내려가 버렸다.

이번에는 어머니가 말했다. "저는 남편과 결혼생활을 15년째 하고 있지만 모두들 저더러 행복한 여자라고 말합니다. 그러나 솔직히 말해서 결혼의 행복을 느낀 것은 1년에 이틀 정도 뿐이었습니다." 이렇게 어머니가 말하지 아이의 허리에 머물러 있던 코브라의 독기가 발바닥을 거쳐 완전히 몸에서 빠져나가 버렸다는 것이다.

거짓말은 코브라의 독기처럼 해로운 것이지만 솔직이란 처방에는 맥을 못춘다는 메시지가 담겨 있는 것 같다.

4
생활의 길

세 살 적 버릇

'욕하는 운전자들'이란 글을 읽은 적이 있다.

'내리막길을 운전하고 있는데 50m 앞 사거리에 신호등이 노란불로 바뀌었다. 정지하려고 생각하고 룸미러를 보니, 약 50m 뒤에서 택시가 무서운 속도로 달려오는 것이었다. 추돌을 피하기 위해 두 차례 브레이크를 밟았고 그래도 위험하다 싶어 정지선을 넘어 횡단보도 앞까지 가서 정지했다. 뒤쪽에서 "끽" 하는 브레이크 소리가 들렸다.

다음 삼거리 신호등 앞에서 정지하려는데 뒤에 오던 그 택시가 갑자기 앞을 무리하게 가로막았고, 30대 초반 운전자가 밖으로 나왔다. 내 차 운전석 창문을 두드리고 삿대질을 하며 "야! 이 ××야! 차를 그렇게 세우면 우짜노? 니 혼자 교통신호 지키나? 알아서 가야지." 무조건 반말이었다.

그날 열린 모임에서 당한 일을 소개하자 한 친구가 비슷한 경우를 예기했다. 운전자와 멱살잡고 싸우고, 파출소까지 가서 조사받느라 결혼식에 참석 못하고 그 다음 날까지 현장조사 하느라 큰 피해를 입었다는 것이었다. 그 친구는 요즘 신호위반한 운전자가 역으로 호통치면 "늙어서 그러니 좀 봐 주이소."라고 한단다.

아무리 생각해봐도 뭔가 잘못되어 가고 있는 사회다. 모범운전자도

많지만 영업용 운전자 예절교육에 제도적으로 문제가 있다고 생각한
다. 한국 사람은 운전대만 쥐면 어른이고 젊은이고 할 것 없이 엉망이
된다는 어느 나이 든 모범 운전자 말이 생각났다.   (조선일보 99. 8. 28)

대구광역시 교육청에서 근무한다는 김효철(55) 씨의 투고 내용이
다. 도덕은 투쟁 속에서 크게 성공한다는 말이 있지만 일단 목소리 부
터 크게 하고 욕부터 하는 생활 속의 인간들을 보면 그들의 학교나 가
정 교육을 의심하게 된다.

'세 살 적 버릇 여든까지 간다.'

어린 아이도 알 수 있는 말이지만 80 먹은 노인도 실천하기 어렵다
는 금언이다. 이처럼 도덕 교육은 악이 사람의 마음을 점령하기 전에
일찍 시작해야 한다. 마음 밭(心田)에 좋은 씨를 뿌리지 않는다면 후일
잡초만 무성하게 자랄 것이기 때문이다.

부처님의 심이요법

일체유심조(一切唯心造)라 했으니 사람의 행·불행은 마음먹기에
달린 것이다. '나쁜 마음 먹지 말고 좋은 마음 먹고 살자.' 말이 쉽지
80 넘은 노인도 실천하기 어려운 마음법(心法)이다. 이것이 바로 '팔
자(八字) 고치기 심이요법(心餌療法)이요, 이 도리를 깨달아 영원히
팔자를 고친 이가 석가모니 부처님인 것이다.

경전에 이런 얘기가 있다. 어느 날 한 바라문이 화가 머리끝까지 치
밀어 올라 석가모니에게 달려왔다. 그 이유는 그의 동족 가운데 한 사

람이 부처님께 출가를 했다는 것이다.

석가모니는 고래고래 소리를 지르며 씩씩대며 욕을 퍼부어대는 바라문을 지켜보다 상대가 조금 누그러지자 물었다.

"때로는 당신네 집에도 손님이 오는 일이 있겠지요?"

"예, 물론입니다."

"그럼, 식사 때가 되면 음식을 대접하는 일도 있겠지요?"

"예, 그렇습니다."

"그때 그 손님이 음식을 들지 않으면 그 음식은 누구의 것이 되지요?"

"먹지 않고 다시 내오게 되면 제 것이 되지요."

"바로 그렇습니다. 오늘 당신이 내게 온갖 욕설을 퍼부었지만 나는 그것을 받지 않았습니다. 그러니까 그 욕은 당신의 것이 될밖에요. 만일 내가 욕을 먹고 또 당신에게 욕을 한다면 그것은 주인과 손님이 마주앉아 식사를 하는 것과 같습니다. 그렇지만 나는 그런 음식이 싫습니다."

바라문은 뭐라고 대꾸할 말이 없었다.

팔자고치기 10계명

잘나지도 못한 사람이 잘 살고 못나지도 못한 사람이 못 사는 것은 도대체 무슨 운명인가, 팔자인가?

어느 날 스바 동자가 석가모니에게 물었다.

"세존이시여! 어떤 인연이 있어서 모든 중생이 존재하는 동안에 우열이 있습니까? 또한 수명이 길고 짧은 자, 병이 많은 자와 없는 자, 똑똑한 자와 미천한 자, 권세있는 자와 없는 자, 가난한 자와 부유한 자, 귀한 자와 천한 자, 우등한 자와 열등한 자 등등으로 갖가지 차별이 있습니까?"

석가모니가 대답했다.

"동자야! 모든 중생은 각자의 업(業:행위의 결과)이 있어서 업의 상속자이다. 마치 밭의 씨앗과 같이 업을 잉태하고 있어서 업에 얽매이고 업에 의지하여 모든 중생을 차별지우고 업이 중생의 우열을 가르느니라."

원래 지혜가 없는 자는 번뇌가 많은 법이라 했다.

여기서 불교의 '팔자 고치기 10계명'을 알아 실천한다면 누구나 장래 운명이 크게 달라질 것이다.

첫째, 몸에 병 없기를 바라지 말라. 몸에 병이 없으면 욕심이 생기기 쉬우니, 그래서 성인은 병고로써 양약(良藥)을 삼으라 했다.

둘째, 세상살이에 곤란없기를 바라지 말라. 세상살이에 곤란이 없으면 업신여기는 마음과 사치한 마음이 생기니, 그래서 성인은 근심과 곤란으로써 세상을 살아가라 했다.

셋째, 공부하는 데 마음에 장애가 없기를 바라지 말라. 마음에 장애가 없으면 배우는 것이 넘치게 되니, 그래서 성인은 장애 속에서 해탈을 얻음이라 했다.

넷째, 노력(수행)하는 데 마(魔) 없기를 바라지 말라. 노력하는 데 마가 없으면 뜻이 굳건해지지 못하니, 그래서 성인은 모든 마군으로써 수행을 도와주는 벗을 삼으라 했다.

다섯째, 일을 도모하되 쉽게 되기를 바라지 말라. 일이 쉽게 되면 뜻을 경솔한 데 두게 되니, 그래서 성인은 어려움을 겪어서 성취하라 했다.

여섯째, 친구를 사귀되 내가 이롭기를 바라지 말라. 내가 이롭고자 하면 의리를 상하게 되니, 그래서 성인은 순수함으로써 사귐을 길게 하라 했다.

일곱째, 남이 내 뜻대로 순종해 주기를 바라지 말라. 남이 내 뜻대로 순종해 주면 마음이 스스로 교만해지니, 그래서 성인은 내 뜻에 맞지 않는 사람들로써 꽃밭을 삼으라 했다.

여덟째, 덕을 베풀면서 대가를 바라지 말라. 대가를 바라면 도모하는 뜻을 가지게 되니, 그래서 성인은 덕 베푼 것을 헌신짝처럼 버리라 했다.

아홉째, 이익을 분(分)에 넘치게 바라지 말라. 이익이 분에 넘치면 어리석은 마음이 생기니, 그래서 성인은 적은 이익으로써 부자가 되라 했다.

열번째, 억울함을 당해서 밝히려고 하지 말라. 억울함을 밝히면 원망하는 마음을 돕게 되니, 그래서 성인은 억울함을 당하는 것으로 수행하는 문을 삼게 했다.

5

행동의 길

왜 달리는가?

한 사나이가 앞만 보고 서둘러 걷고 있었다. 성직자가 그 사람을 불러세우고 물었다.

"왜 그렇게 서두르는 겁니까?"

"생활을 좇아가려고 그러는 겁니다."

"생활이 앞서간다. 그래서 당신이 좇고 있다는 말인데, 그렇지만 실제로 생활이 당신을 좇고 있는 게 아닐까요? 당신은 가만히 앉아서 생활이 좇아오기를 기다리기만 하면 됩니다. 그런데 당신은 자꾸자꾸 도망치려 하고 있어요."

일에 열중한 나머지 본디 인간다운 생활에서 멀어져 가는 사람이 많다. 출세와 성공, 돈과 명예, 이기고 살아남기 위하여 하루도 마음 편할 날이 없다. 인간은 때로 일손을 멈추고 '도대체 나는 왜 태어난 것일까? 나에게 어떤 운명이 주어져 있는 것일까? 행복이란 무엇인가?' 하고 자기 자신에게 물어볼 필요가 있다.

이러한 본질적인 물음은 비록 정기예금 이자처럼 돈이 되는 것은 아니지만 인간적인 성숙을 가져다 준다.

네 가지 종류의 인생

사람의 성질은 마치 들어간 구멍을 알 수 없는 가시덤불과 같이 알기 어려워 네 가지 종류의 인생으로 나눌 수 있다 했다.

첫째는 스스로 괴로워하는 사람으로서 잘못된 생각과 잘못된 지도를 받아 스스로 고생하는 사람이다. 둘째는 다른 사람을 괴롭게 하는 이로서 남을 죽이고 도둑질을 하며 기타 잔인한 행동을 하는 사람이다. 셋째는 자신도 괴롭게 하고, 남고 괴롭게 하는 사람으로서 남의 윗자리에 앉아 비뚤어진 소견과 잘못된 가르침을 받고 스스로 괴로워하고 남도, 자기 밑에 있는 사람에게도 괴로움을 주는 사람이다. 넷째는 자신도 괴로운 마음을 내지 않고 또 남도 괴롭게 하지 않는 사람으로서 물욕을 여의고 즐겁게 생활하며 정법의 가르침에 따라 엄격하게 자신을 잘 제어하는 사람이다.

경전에 보면 이미 모은 재산을 아들에게 넘겨주고 속세의 일을 잊고 조용히 은거하는 거사와 석가모니가 나눈 대화 가운데 "욕망은 횃불과 같다"는 이야기가 나온다.

"거사여, 그것은 마치 마른 풀로 만든 횃불을 들고 바람을 향해 달려가는 것과 같다. 그대는 어떻게 생각하시오? 만약 그 사람이 빨리 그

횃불을 내던지지 않았다가는 그 뜨거운 불길이 들고 있는 손을 태울 것이고, 나중에는 그의 몸을 태워버려 목숨을 잃는 괴로움을 당할지도 모르지요. 그러므로 나의 제자들은 항상 욕망을 마른 풀과 횃불에 비유하여 괴로움이 많고 번민이 많다고 늘 말하고 있답니다. 이처럼 그들은 욕망의 진상을 있는 그대로 보고, 세속의 이득에 집착함을 깨끗이 없애 버리는 것이지요."

이어 석가모니는 비유로써 보충 설명을 했다.

"거사여, 비유컨대 어느 마을 가까이에 무성한 숲이 우거져 있었는데 그곳에는 열매가 잘 익은 과일나무가 한 그루 있다고 합시다. 어떤 사나이가 그 앞을 지나다가 그 과일나무를 발견하고 그 나무에서 과일을 따기 시작했소. 그런데 또 다른 한 사나이가 그 과일나무를 발견했지요. 그러나 그 사나이는 나무에 올라갈 줄을 몰라 그 나무를 베어 넘어뜨려 과일을 따려고 생각하고 나무를 베기 시작했지요. 거사여, 당신은 어떻게 생각하오? 첫번째 사나이가 빨리 나무에서 내려오지 않으면 그 나무에 깔려 큰 화를 당할 것이 아니겠소. 그렇기 때문에 나의 제자들은 항상 욕망을 과일나무에 비유하여 과분한 욕망을 바라지 않는 것이 수행의 길을 평탄케 하는 것이라고 생각하고 있지요."

몰래한 용서

사람은 자기가 사랑하는 정도만큼 남을 용서할 수 있는 것 같다. 나 자신을 제외하고 모든 사람을 용서할 수 있는 자야말로 진정한 강자요, 숨은 승리자라 할 수 있다.

어느 날 아난이 세존의 분부로 왕궁에 들어가서 설법을 하게 되었다. 그런데 아난이 궁에 들어가자 후궁들이 모두 수심에 싸여 설법에 전혀 기쁨의 빛을 찾아볼 수가 없었다. 까닭인즉 왕관에 장식돼 있던 귀한 보석을 누군가에게 도둑맞았는데, 궁 전체가 의심 속에서 왕의 노여움을 겁내고 있었던 것이다.

아난은 이 말을 듣자 염려할 것 없다고 위로하며 왕께 가서 말했다.

"많은 사람들을 괴롭히지 않고 범인을 찾아내는 방법이 있으니 그것에 따르도록 하십시오. 흙덩이로 옥을 만들어 혐의가 있는 사람들에게 나누어 주고, 내일 아침까지 이러저러한 곳에 놓아 두라고 분부하십시오. 만일 하룻밤에 나오지 않으면 이틀 사흘 하시는 게 좋소. 그렇게 하면 누구도 괴롭히지 않고 보석을 무사히 찾을 것이오."

왕은 아난의 가르침대로 실시해 보았지만, 그래도 나오지 않았다. 사흘째 되는 날, 아난이 왕궁에 오니 아직도 효과가 없다는 말을 듣자, "이번에는 커다란 물독에 물을 가득 담아 그것을 밀실에 두고 휘장을 치고서 그 안에 한 사람씩 들여보내되 옷을 다 벗고 손을 씻고 나오도록 명령하십시오." 하고는 돌아갔다. 왕은 그대로 했다.

보석을 훔친 자가 생각했다.

"아난 존자가 계속 애를 쓰시는데, 옥이 나오지 않으면 나올 때까지 끈질기게 계속할 텐데…… 이때쯤 옥을 내놓는 것이 좋겠다." 하고 옥을 가지고 그 방에 들어가 잠자코 물독 속에 집어 넣고 나왔다.

모든 사람이 차례로 그 일을 마친 뒤 물독을 비웠더니 보석이 발견되었고 누구 한 사람 괴롭히는 일 없이 사건이 수습되었다.

212

6

노력의 길

잘못된 팔자 고치기

요즘 성형수술로 관상을 바로잡을 수 있다고 야단들이다. 전체적으로 관상이 좋아보이게 만드는 성형수술을 요청하는 경우가 많다는 것이다.

푹 꺼진 이마는 흔히 가난한 상(像)으로 여기는 얼굴이며, 너무 얇은 입술은 매정하고 괴팍해 보이고, 너무 두터운 입술은 둔해 보인다는 이유로 성형외과를 찾는다고 한다.

'관상보다는 심상(心像)'이라 했는데 평가의 기준이 대중성이라는 다수결의 원리에 의하여 결정되다 보니 그런 흐름에 편승할 수밖에 없는 현실이 안타깝게 느껴질 뿐이다.

이런 세태를 짚어보게 하는 단편소설을 본 적이 있는데, 제목이 '정형수술(整形手術)'로 박명준이 56년 《사상계》에 발표한 것이다.

남편 종수는 정형외과를 차리고 예쁜 아내 수경은 간호사 겸 조수 노릇을 한다. '정형수술은 화장의 연장'이란 표어를 내걸고 열심히 영업을 하고 있는 어느 날, 남편은 수경에게 손님을 위해서 쌍꺼풀 수술을 하자고 제의한다. 마음에 내키지 않으나 수경은 할 수 없이 '직업의식이 발동해서' 쌍꺼풀 수술을 하고 이어 내친 김에 코를 높이고 볼에 있는 작으마한 점까지 제거했다. 말할 수 없이 예뻤졌다.

이에 남편은 다시 미스 코리아 선발대회에 나가면 1등을 할 것이 틀림없으니, 남편과 병원을 명예롭게 하기 위해서도 꼭 나가라는 것이다. 수경은 수술한 볼의 신경이 마비되어 신경이 쓰였지만, 미스코리아 선발대회에 나가 미상불 1등을 차지했다.

며칠 간의 바쁘고 화려한 일정을 보내고 돌아온 수경은 수술한 코에 혹이 생긴 것을 발견하고 비관한다. 수술이 잘못된 것으로 한국에서는 고칠 수가 없다고 남편은 말한다. 이 무렵, 수경의 아름다운 모습에 반한 철규가 병원을 매일 찾아와 수경을 쳐다본다. 급기야는 수경을 보기 위해서 자기의 약간 비뚤어진 코를 수술해 달라고 하며 병원을 자주 드나든다. 코를 수술할 때 수경은 철규의 마치된 코를 칼끝으로 찔러서 피를 쏟아지게 했다.

요즘은 성형 수술에 의한 육체의 가식을 요구하고 있다. 수경의 남편이나, 미인 대회에서 1등이 된 수경의 죽은 얼굴, 가면을 탐내는 철규는 이를테면 허위와 가식의 화신들이다. 이야기 끝에서 수경의 반항이 보여주는 행동적 대담성은 곧 병원의 폐업을 암시하는 것이다.

'호랑이의 가죽을 그리기는 쉬우나 뼈를 그리기는 어렵고, 사람의 얼굴을 볼 수 있으나 그 마음은 알기 어렵다' 했는데, 이미 비뚤어진 마음의 그림자인 얼굴을 감추고 숨기기 위해 성형수술을 하는 것이다. 현대인은 점점 겉 다르고 속 다른 표리부동의 모조품 인간으로 변모되어 가는가 보다. 갈수록 '돌팔이 팔자' 만 늘어날 뿐인데……

생활인의 남는 장사

옛날에 어떤 상인이 있어 남에게 5백 원을 꿔주고 오랫동안 받지 못했다. 그래서 날을 잡아 그 돈을 받으러 갔는데, 도중에 큰 강이 가로놓여 있었으므로 천 원으로 사람을 고용하여 간신히 맞은편 기슭까지 건너갔다. 그런 다음 상대방을 찾아 돈을 받으려고 했으나 마침내 상대방은 멀리 출타하여 집에 없었으므로 만나지 못하고 그냥 돌아올 수밖에 없었다. 귀가길에 강을 건너기 위해 또 천 원으로 사람을 샀다.

5백 원 빚 받겠다고 길을 떠났다가 경비로 2천 원을 없애고 길이 나빠 지칠대로 지쳤으므로 얻은 것은 없고 잃은 것뿐이었다. 그리하여 남들의 비웃음을 받게 되었다.

세상 사람들도 마찬가지다. 조그마한 명리를 찾기 위해 소중한 일에 상처를 입히기도 한다. 하찮은 자존심 때문에 목숨을 걸고 싸움질도 마다하지 않으니 어쩌면 저 상인의 어리석음에 비할 바가 아니다. 만일 자기를 위해 수양하지 않는다면 현세에 악명을 얻고 후세에 고통의 과보를 받게 된다.

누가 옥돌을 던져 참새를 잡았다면 그는 희대의 놀림감이 될 것이다. 옥돌은 반야의 지혜이고 참새는 세속의 탐욕이기 때문이다.

7

믿음의 길

하늘이 돕는 사람

사람은 자기 신념과 믿음에 따라 행동을 하게 되며 그 결과 운명이 달라지기도 한다. 특히 가정에서 그 부모의 믿음이나 신앙에 의하여 자녀의 장래가 엄청 영향을 받게 돼 있다.

언젠가 SBS TV '그것이 알고 싶다' 프로그램를 통해 방송된 신애를 살리자는 캠페인은 충격적이었다. 만삭 임산부처럼 부풀어 오른 배와 뼈만 앙상한 팔다리……. 신애는 "견디기가 너무 힘들어요, 아픔이라도 덜하고 싶어요. 너무 힘들어요."라며 울음을 터뜨렸다. 4년 전 소아암의 일종인 윌름 종양으로 진단받은 신애는 초기에 종양만 제거하면 쉽게 나을 수 있었다. 하지만 부모가 맹신하는 신앙의 힘으로 치료하겠다고 우기는 바람에 치료를 못 받아 상태가 너무 악화된 것이다.

신애는 방송에서 "나, 아빠 못 믿겠어. 아빠 미워."라고 했다. 하지만 현행법상 친권자인 부모 동의 없이 제3자가 나서서 신애를 치료하거나 수술을 받게 할 수가 없다.

다행히 인천시와 목사 및 관련 사회단체의 인사들이 설득하여 치료를 받게 되었지만, 부모가 종교적 신념을 내세워 자녀들의 치료받을 기회를 박탈하는 일은 없어야 할 것이다.

일없이 빵을 구하는 기도나 치료없이 병을 낫게 해 달라는 기도는 믿는 자가 취할 바른 자세가 아니다. 하늘도 스스로 돕는 자를 구제하는 법인데 만사를 기적에 의지하려는 것은 터무니없는 기복신앙과 다를 바 없을 것이다.

남과 같이 살면 망한다

'남이 장 간다고 하니 거름지고 나선다'고 했는데 줏대없이 부화뇌동하는 자를 비웃는 말이다. 이것이 시장 따라가는 정도면 큰 일은 아니겠으나, 직업이나 사업과 같은 데에 이르면 사정은 간단한 게 아니다. 물론 친구 따라 강남 간다, 친구 따라 육사 가고, 친구 따라 청와대 가고, 친구 따라 교도소 가고, 친구 따라 정치하고 은퇴하는 경우도 있지만, 직업의 선택이 한 사람의 운명과 팔자, 나아가 내세를 좌우할 수 있음을 알아야겠다.

선가(禪家)에 '신부기노아가견(新婦騎盧阿家牽)'이란 말이 있다. 송나라 때의 선승 수산(首山)의 말인데, '누가 부처가 무엇이냐'고 물으면 '신부가 당나귀를 타고 시어머니가 고삐를 잡고 간다'고 대답한 데서 유래됐다. 그 깊은 뜻을 어찌 필설로 다 표현할 수 있겠는가. 신부를 당나귀에 태우고 시어머니가 조삐를 잡고 끈다? 도저히 있을 수 없는 일이다 싶겠지만 남의 눈을 의식하지 않고 조금도 언짢게 생각하지 않으며, 며느리도 시어머니도 무심할 따름이다. 그럴 만하니까 그럴 뿐이다.

여기 어떤 아버지와 아들이 말을 끌고 길을 가고 있다. 이를 본 행인이 뭐라고 말한다. "멍청한 사람들이군, 누가 타고 갈 것인지." 이 말을 듣고 아들은 '과연 그렇구나' 하고 아버지를 말에 태우고 자기는 고삐를 끌었다. 한참 길을 갔는데 마주친 어떤 행인이 다시 "아들이 가엾군" 하고 중얼거리는 소리가 들렸다. 그래서 이번에는 아들이 말을 타고 아버지가 고삐를 끌었다. 그러나 얼마 못 가서 또 누가 "저런, 불효자식이군." 하는 것이었다. 그래서 아버지와 아들은 생각한 끝에 누구의 입에서도 비난을 받지 않기 위해 두 사람이 함께 말을 탔다. 이제 됐다고 생각했는데, "쯧쯧, 말이 가엾군" 하는 비난의 소리가 들려왔다. 두 사람은 지당한 말이라고 생각하여 말에서 내려 이번에는 말을 함께 메고 걸어갔다고 한다.

구체적인 삶.

말이 쉽지, 그거 아무나 되는게 아니다.

8

지혜의 길

누가 재수없는 사람인가 ①

인생을 영위하고 팔자, 운명을 관리하는 것은 마음을 관리하는 것이라 해도 과언이 아니다. 이 마음 관리가 안되는 사람은 그 무엇도 관리할 자격이 없다. 이 몸을 이끌고 다니는 주인공이 마음인데, 이 마음을 관리할 줄 모른다면 무면허로 자동차를 운전하는 사람과 하나도 다를 바 없다. 어찌 무사고를 기대하겠는가.

옛날에 한 어리석은 하녀가 살고 있었다. 그녀는 주인을 위해 주로 보리와 콩 삶는 일을 도맡아 하고 있었다. 그런데, 주인 집에서 기르고 있는 양이 언제나 기회를 틈타 보리와 콩을 훔쳐먹었기 때문에 항상 분량이 적어 부인에게 자주 욕을 먹곤 했다.

그 때문에 하녀는 주인에게 신용을 잃게 되었다. 이것은 물론 양이 보리와 콩을 훔쳐먹었기 때문이었다. 하녀는 양을 항상 미워하며 언제나 부지깽이로 후려갈겼다. 그러자 양도 성이 나서 뿔로 번번이 그녀의 엉덩이를 받곤 했다.

어느 날 하녀가 맨손으로 불을 피우고 있는데, 양은 그녀가 부지깽이를 손에 들고 있지 않은 것을 보자 그녀에게 덤벼들었다. 그녀는 얼떨결에 손에 들고 있던 불씨를 양의 등에 집어 던졌다. 양은 뜨거워서 사방을 껑충껑충 뛰어다녔으므로 불길이 마을과 사람들에게 옮겨 붙고 산과 들까지 태워 버렸다. 그때 산 속에는 2백 마리의 원숭이가 살고 있었는데 거기까지 불길이 옮겨가 도망칠 틈도 없이 순식간에 불타 죽었다. 천인(天人)들은 이것을 보고 말했다.

분노와 싸움이 있는 곳에는
언제나 화(禍)가 일게 마련이니라
양과 하녀의 싸움 때문에
마을 사람과 원숭이는 떼죽음을 당했도다.

누가 재수없는 사람인가 ②

작년 여름 필리핀의 한 교도소에서는 자신의 세 딸을 성폭행한 부동산업자(51)에 대한 사형이 집행됐다.

그런데 필리핀 대통령궁과 교도소 간의 전화가 제대로 연결만 됐더라도 그는 죽지 않을 수 있었던 것으로 밝혀졌다. 필리핀의 조지프 대통령은 사형이 집행되기 5분 전인 이날 오후 2시 55분 수석비서관에게 사형 집행을 연기하라고 지시했다.

수석비서관은 교도소 전화를 걸었으나 전화는 통화중이었고 팩스 신호음만 들렸다. 결국 3시 9분에야 통화가 이뤄졌다. 그때는 이미 그에게 독극물이 투여된 뒤였다.

'전화만 연결됐더라면…….' 이 사나이는 과연 억세게 운(運) 나쁜 사형수일까? 억세게 재수 나쁜 사나이라기보다 자신의 세 딸에게 성폭행을 한 죄악에 처형유보가 만부당하다고 신(神)이 거부권을 행사한게 아닐까. 마땅히 받아야 할 금생의 업보가 아닐까.

사람에겐 닦아서 얻을 수 있는 복이 있고 연장하여 얻을 수 있는 수명이 있다고 한다. 왜 그럴까? 세상사람 가운데 선행을 하는 자가 도리어 미천하거나 요절하고, 악을 자행하는 자가 도리어 복받고 장수를 누리는 일을 흔히 볼 수 있을 것이다. 이는 모두 전생에 많은 선을 행한 자가 이생에 악한 일을 했다 해도 전생의 선을 이기지 못한 까닭에 복을 받고 오래 사는 것이다.

전생에 많은 악을 저지른 자는 비록 선을 행했다 하지만 현세의 선행이 전생의 악을 이기지 못한 까닭에 비천하고 요절하는 것이다. 그러므로 현세의 선악에 대한 과보 또한 내생에 있지 않겠는가. 혹시 전생의 선행이나 악행이 그리 무겁지 않아서 현세의 행위가 조금이라도 많다면 미천함과 요절은 복과 장수로 변하고, 복과 장수는 미천함과 요절로 바뀌기도 하는 것이다.

그러므로 사람은 이런 삼세의 변화하는 이치를 깨달아야 하며, 모두가 내가, 내 마음의 타락으로 짓고 받는다는 것을 알아 공부에 게을리해서는 안 될 것이다. 이것이 운명, 팔자를 가장 확실하게 영원히 고칠 수 있는 지름길이리라.

껌을 까는 N세대

주말 저녁, TV에서 퀴즈프로가 생방송으로 진행되고 있었다.

"사람의 됨됨이를 평가하는 기준 신·언·서·판 가운데, '판'은 다음 무엇을 말하는 것일까요? ① 판단력 ② 판소리 ③ 외모 ④ 친구"

방송에 나온 20대 남녀 3명이 잠시 머리를 맞대더니 "4번" 하였다. 순간 상금은 물 건너 갔다.

그걸 보면서 요즘 'N세대'들은 판단력의 '판(判)'자도 모르는가 싶어 잠시 기가 막혔다.

어떤 N세대 총각이 사윗감 면접 시험을 보러 애인의 집을 방문했다.

"따님을 사랑합니다. 저희 결혼을 허락해 주십시오."

그러자 치과 의사인 장인 될 사람이 말했다.

"자네, 내 딸을 행복하게 해 줄 자신이 있나. 특히, 여자의 눈에서 눈물이 나게 하는 남자는 곤란하지."

"그건 염려 마십시요. 양파는 제가 깝니다."

그러나 어른은 손을 내저으며 부인 눈치를 살피며 말했다.

"그 정도로는 부족하네, 나도 30년 동안 양파를 까며 살았네. 나이 50이 넘은 지금은 이빨을 까며 버티고 있다네."

순간 청년은 주머니에서 껌 하나를 꺼내서 어른에게 건네 주었다. 그러자 장인될 어른이 부인을 보면서 중대발표를 했다.

"알겠네. 앞으로는 나도 껌을 까겠네."

N세대 청년이 사윗감으로 결정되는 순간이다.

제7부

팔자즐기기 심이요법

1

생활 속의 마음관리

소크라테스 명상법

희랍의 철인 소크라테스는 델포이 신전에 적힌 '너 자신을 알라'의 경구를 평생의 생활 신조로 삼고 실천한 사람이었다.

한 번은 제자들이 소크라테스에게 결혼을 해야 옳은지, 안 해야 옳은지에 대해 질문을 했다. 소크라테스는 주저하지 않고 대답했다.

"결혼하시오. 좋은 아내를 얻으면 행복할 것이고, 나쁜 아내를 얻으면 철학자가 될 터이니."

사실 소크라테스의 아내 크산티페는 악처로 이름이 높았다 했으니 소크라테스가 훌륭한 철학자가 될 수 있었던 것도 '나쁜 아내'를 얻은 덕택이었는지 모르겠다. 어느 날 소크라테스가 집에 생활비도 안 갖다 주는 주제에 아테네 젊은이들을 모아놓고 무료강좌를 열고 있었다. 이를 보다 못해 화가 난 크산티페가 소크라테스에게 심한 욕을 퍼부었다. 그런데 소크라테스가 들은 척도 하지 않자, 더욱 화가 난 그녀는 밖으로 나가 물통을 들고 와서 소크라테스 머리 위에다 쏟아 부었다. 그제서야 그는 놀란 기색도 없이, "허허, 천둥이 치더니 소나기가 쏟아지는군." 하고 강좌를 계속했다는 유명한 일화가 있다.

그 당시 사람들은 이 위대한 학자가 하필이면 그와 같은 악처에게 시달리며 고생을 할 필요가 있느냐고 수군거렸다. 마침내 어떤 사람이 소크라테스를 찾아가서 물었다.

"선생은 왜 하필 그 같은 악한 여자를 부인으로 데리고 사십니까?"

그러자 소크라테스는, "훌륭한 기수는 가장 성질 사나운 말을 택하는 법이라오. 그런 말을 탈 수 있는 사람이라면 다른 어떤 말이라도 다 잘 탈 수가 있기 때문이오. 나 역시 나쁜 아내를 잘 달랠 수만 있다면 다른 어떤 사람이라도 잘 달랠 수가 있을 것이 아니겠소?"라고 대답했다고 한다.

소크라테스는 틈만 있으면 명상을 실천한 사람이다. 그래서 어떤 외적인 자극에도 흔들림 없이 현명한 처신을 할 수 있었던 것이다. 그는 인생의 시초는 곤란이지만, 성실한 마음으로 물리칠 수 없는 어려움은 없다고 했다. 그래서 그는 행복을 자기 밖에서 발견하려고 하는 것은 잘못된 생각이라 했다.

악을 쓰는 아내의 바가지에도 그는 마음의 평정을 유지하면서 마음 관리를 했던 것이다.

"음. 아내가 화가 났구나! 화가 날만도 하겠지! 그러나 집을 안 나가고 사는 것만도 감사하다!"

'음~구나, 겠지, 감사' 이것을 소크라테스 명상법이라 부르겠다. 누구나 화가 나든지 참기 어려운 일을 당했을 때 어리석게 '감정의 비빔밥'을 비비지 말고 즉시 이 소크라테스 명상법으로 마음의 평정을 유지했으면 한다. 이것의 실천이 마음 관리법이며, 마음 수행법이며 운명·팔자 관리법이기도 하다. 실천하면 틀림없이 효과를 볼 수 있을 것이다.

사람 팔자 뒤웅박 팔자

검은 뒤웅박과 흰 뒤웅박이 우물가에서 잡담을 하며 시름을 달래고 있었다. 흰 뒤웅박이 말했다.

"애! 검은 뒤웅박아, 너는 왜 그렇게 쓸쓸한 표정을 하고 있니?"

"나는 언제나 우물에서 올라올 때는 통에 물이 가득하지만 우물에 내려갈 때는 빈통이 되고 만다. 아무리 채운들 무슨 소용이 있니? 그래서 쓸쓸해."

그러자 흰 뒤웅박이 말했다.

"그것은 네가 생각을 잘못하는 거야. 나도 우물에 내려갈 땐 언제나 빈통으로 내려가지만 올라올 때는 가득 찰 것을 생각하면 너무 기쁘단다. 너도 나처럼 생각을 고쳐서 해봐. 기뻐질테니."

경전에도 이와 비슷한 이야기가 전해지고 있다.

한 할머니가 살고 있었는데 그에게는 딸이 둘 있어 늘 걱정 속에 살았다. 왜냐하면 큰딸은 우산장사한테 시집을 갔고 작은딸은 짚신장사한테 시집을 갔기 때문이다. 이 할머니는 태양이 내리쬐면 큰딸이 걱정이 되어 울상을 짓는다. "이거 야단났구나! 날씨가 이렇게 화창해서 큰애 우산가게에 손님이 없을텐데. 장사가 안돼 문을 닫게 되면 어떡하나?" 걱정이 꼬리를 물다보면 자신도 모르게 너무 상심한 나머지 그만 울게 되는 것이다.

날씨가 좋지 않거나 비라도 내리는 날이면 그녀는 또 작은딸 때문에 운다. "작은애는 해가 나오지 않으면 짚신을 팔 수 없으니 어쩐담?"

이렇게 태양이 빛나는 날은 우산가게를 하는 큰딸 걱정으로 울고,

비가 내리는 날은 짚신장사를 하는 작은딸 걱정으로 우니 맑은 날, 비오는 날 가릴 것 없이 그녀는 날마다 울었다. 그래서 '울보 할머니'라는 별명이 붙었다.

어느 날 할머니는 우연히 스님 한 분을 만나게 되었다. 그 스님은 그녀가 무엇 때문에 날마다 우는지 물었다. 그녀가 자초지종을 다 말하자 스님은 웃으며 말했다.

"할머니, 걱정하지 마세요. 제가 당신께 해탈법문을 해 드리겠습니다. 그러면 당신은 날마나 울지 않아도 될 것입니다."

'울보 할머니'는 이 말을 듣자 너무 기뻐서 어떤 방법이냐며 대답을 재촉했다.

"아주 간단합니다. 당신이 한 생각만 바꾸면 되지요. 가령 태양이 높이 솟아 날씨가 좋은 날은 작은 딸이 짚신을 팔 수 있을 테니 좋겠구나, 이렇게 생각하시고 또 비가 오는 날에는 아, 비가 오는구나. 큰애가 우산을 팔 수 있을테니 좋겠구나 이렇게 생각하세요. 그러면 할머니는 비가 오나 눈이 오나 해가 뜨나 날마다 걱정이 없을 테니까요."

할머니는 비로소 얼굴에 가득 낀 근심 걱정의 구름이 싹 걷히면서 표정이 확 밝아졌다. 이제 할머니는 더 이상 울지 않을 뿐만 아니라 오히려 날마다 기쁨으로 웃음꽃이 활짝 피게 되어 '웃는 할머니'가 되었다.

말로는 못 당해

고려 초기의 공신인 서희(徐熙)가 말로써 능력을 발휘한 대표적 인물이다. 그는 성종 때 거란족이 침입해 오자 전쟁터에 나아갔다. 조정에서는 전세가 불리해지자 거란에게 땅을 갈라주자는 의견이 나올 때였다. 그러나 서희는 이에 반대하고 홀로 적진에 들어가 적장 소손녕과 담판하여 유리한 강화를 맺고 돌아왔다. 이로써 이듬해에는 여진족을 몰아내고 강동 6주를 설치하여, 압록강 이남의 땅을 완전히 차지하게 된 것이다.

앞서의 '울보 할머니' 이야기를 더 해 보자. 어느 날 밤 할머니에게 협박 전화가 걸려왔다.

"할머니 좋은 말로 할 때 집에 있는 돈 다 갖고 놀이터로 나오세요. 경찰에 알리거나 서툰 짓 하면 알죠! 쥐도 새도 모르게 죽여 버릴 거예요!"

그러자 할머니가 목소리를 높였다.

"여보슈, 젊은 양반. 어떻게 쥐도 새도 모르게 죽일 수 있단 말이오. 낮말은 새가 듣고 밤말은 쥐가 듣는다는 말도 모르슈?"

"그건 걱정 마슈, 할머니. 내가 할머니를 낮에 죽이면 쥐가 모르고 밤에 죽이면 새가 모를테니, 쥐도 새도 모르게 죽일 수 있단 말이오."

그러자 할머니가 또 설득을 했다.

"여보슈, 젊은 양반. 그건 하나만 알고 둘은 모르는 것이오. 젊은 이가 이 늙은 것을 낮에 죽이면 새가 알고 밤에 죽이면 쥐가 아는 법이오. 그런데 어쩔려구 쥐도 새도 모르게 죽이겠다는 거유?"

"…?"

협박범은 그만 말문이 막혀 철컥 공중전화를 끊었다.

"원, 재수 없어. 뭐 이런 할머니가 다있어!"

2

출세에 성공하고 행복에 실패하고

석가모니의 출마 생각

어느 날 석가모니가 히말라야의 설산 깊은 숲 속에 앉아 명상에 잠겼다. 한참 깊은 명상에 빠져 있을 때 문득 한 생각이 일어났다.

'정치를 죽이는 일도 죽여지는 일도 없이, 정복하고 정복당하는 일도 없이, 슬퍼하거나 슬프게 하지도 않는 진실한 정의의 길은 없을까?' 그러자 곧이어 마음 한구석에서 이런 생각이 스쳐갔다.

"부처님이시여, 당신이 정치를 하면 죽이는 일이나 죽여지는 일이 없을 것이며, 정복하고 정복당하는 일도 없을 것이며, 또 슬퍼하거나 슬퍼지게 하지도 않을 것입니다. 그러니 출마하십시오."

석가모니는 머리를 절레절레 흔들었다. 바른 생각을 방해하고 유혹하는 악마의 생각이 꼬리를 쳤다. 악마의 유혹은 강력했다. 석가모니가 물었다.

"악마여, 그럼 내가 무엇으로 정치를 할 수 있단 말인가?"

"당신은 충분히 해낼 수가 있으며 당신이 아니면 아무도 그런 일을 해낼 수 없습니다. 당신만 마음먹으면 흰눈이 덮인 저 히말라야 산을 개발하여 황금덩이로 만들 수도 있을 겁니다."

악마가 자꾸만 욕망에 부채질을 하며 유혹하고 설득하자 석가모니가 드디어 결심을 했다.

"내가 저 히말라야의 산을 황금으로 만들고 거기에다 더하여 산을 두 배나 크게 하여 황금덩어리로 만들어도, 사람들의 욕망을 다 채워 줄 수는 없을 것이다. 인간의 이런 마음을 모른다면 모름지기 바른 행동을 취하지 못할 것이다."

삼계(三界)의 대도사(大導師)이며 성인 중의 성인인 부처님마저도 정치에 대한 욕망이 꿈틀거릴 정도이니, 범부중생이 너도나도 출마하고 정치하겠다고 나서는 것을 무슨 수로 말리겠는가. 그처럼 국민을 위해 중생을 위해 충성하고 봉사하겠다면 그 길이 어찌 정치뿐이겠는가. 충성하고 봉사하는 길은 수없이 많은데 굳이 정치를 고집하는 까닭이 의심스러울 뿐이다.

행복은 마음만큼 누린다

불평, 불만에는 한푼의 이자도 붙지 않는다. 만족, 감사에는 이자가 붙는다. 이미 있는 것에 감사하고 이미 이룬 것에 만족하는 마음, 그 속에서 '만큼' 누리고 느끼면 그것이 행복의 시작이다.

긍정과 만족의 토대 위에 행복의 지평이 펼쳐지는 것이다. 국어사전 속에 화석처럼 잠자고 있는 '행복'이란 단어를 나의 가슴에서 살아나게 해야 한다.

'통나무 속의 현자' 디오게네스는 이렇게 말했다.

"사람은 물욕에 집착하면 할수록 재물에서 멀어지고, 언제든지 죽을 준비가 되어있는 사람만이 참된 자유인이다. 이미 죽음의 위협에서 벗어난 사람은 아무도 그를 노예로 만들 수 없고, 아무것도 그를 결박하

230

지 못한다."

　아무런 부족도 없고, 아무것도 필요로 하지 않는 것이 신(神)의 특징인데, 필요한 것이 적으면 그만큼 신에 가까워지는 것이 되고, 간단한 생활이 되는데 그것은 무엇보다도 자유인이 되기 위해서라고 했다. 이러한 원시적인 반문명의 사상을 몸으로써 실천한 디오게네스는 생애에 의복 한 벌, 한 개의 지팡이와 누더기 외에는 아무것도 몸에 걸치지 않고 통나무 속에서 살았으므로 많은 일화의 주인공이 되었다.

　당시 권세가 비할 바 없는 알렉산더 대왕이 그의 통나무 처소로 찾아와 원하는 것이 무엇인가 하고 물었을 때, 아무것도 필요없으니 해를 가리고 있는 그곳에서 좀 비켜 달라고 말할 뿐이었다. 그러자 대왕은 "내가 알렉산더가 아니었다면 디오게네스로 살았을 것이다."라고 말했다고 한다.

　'앞 사람은 말을 타고, 나는 나귀를 타고 가는데 앞을 보면 내가 그 사람보다 못하지만 고개를 돌려 수레 끄는 사람을 보면 내가 낫다'고 하는데, 비교는 더 많은 원망과 분노와 고통이라는 세금이 부과될 뿐이다.

　거울 속의 꽃과 같고 물 속의 달처럼 환영에 불과한 복과 수명과 명예는 우리가 끝까지 추구할 대상이 아니다. 우리는 오히려 더 큰 목표를 세워야 한다. 복을 구하되 영원한 복을 구하고 수명을 구하되 영원히 죽지 않는 수명을 구해야 한다.

나랏님보다 나은 팔자

길을 걸어도 활짝 웃는 얼굴 보기가 어렵다. 모두들 무슨 빌미만 생기면 한바탕 싸움도 마다하지 않을 준비된 표정들이다. 원망, 불안, 초조, 근심, 걱정이 몸에 밴 그대로 나타나고 있다.

"지금 행복하세요?"하고 물으면 "그런 거 몰라요!"하고 대들듯한 태도를 취한다. 국민소득은 올라간다는데 그에 따라 국민들의 행복지수도 따라 올라가는지 궁금하다.

어느 날 밤, 조선 성종이 암행을 나왔다가 정동 골목 안에 들어섰을 때이다. 노상에서 서성거리는 사람을 발견하고 까닭을 물으니 "과천 사는 나무장사인데, 나무를 다 팔지 못해 이대로 갈 수 없어서 기어이 팔고 가려고 그럽니다."하는 것이다. 그러자 성종은 그 나무를 자기가 다 사겠노라 하고 사람을 시켜 인도하라 한 다음 자기는 나무장수의 뒤를 따랐다.

"농사를 짓는다는데 그처럼 곤궁해 가지고서야 무슨 즐거움이 있겠소. 우리네 서울 사는 벼슬아치로서는 시골 사람들의 살림을 생각하면 매우 민망하게 여겨진다오."

이렇게 말을 건네자 그가 왕을 돌아보며 말했다.

"때로 농사짓고 때로 나무도 팔아서 가정에 보탬이 됩니다. 그 가운데 즐거움이 있습니다. 무슨 걱정이 있겠습니까? 서울 장안에 벼슬하는 양반님네들이야 날마다 분주하고 조금만 잘못하면 벼슬이 떨어진다, 귀양을 간다 하는 게 퍽 민망해 보입니다. 그런데 아무 걱정없이 지내는 우리를 불쌍타 하시니 참 우습군요. 그러나 저러나 이만큼 사는 것도 다 상감님의 덕이지요. 아무쪼록 양반님네들은 우리네 백성들 걱정일랑 말고 상감님이나 잘 도와 드리십시오."

비록 나무장수일망정 하는 말이 조리가 있고 태도가 당당했다. 성종은 무어라 대답할 말도 없고 해서 대충 얼버무린 후 대궐로 돌아왔다. 그 뒤 어느 한가한 때에 왕은 대신에게 그때 들은 나무장수의 이야기를 하고나서 탄식하듯 말했다.

"우리의 쾌락이 오히려 그 백성만 못하구려."

3

어제에 감사하고 오늘에 만족한다

위험한 흑백 논리

프랑스 계몽주의의 대표적 철학자인 볼테르는 신앙을 갖지 않은 사람으로 알려졌는데, "나는 태어나지 않기를 바란다."고 하며 일생을 비평적으로 살았다. 그리고 가장 넓은 땅을 점령했던 알렉산더 대왕은 전쟁에서 승리한 후 그의 막사에서 흐느껴 울면서 다음과 같이 말했다.

"이 땅에는 이제 더 이상 점령할 땅이 없다."

옛날에 어떤 사람이 250마리의 소를 기르고 있었다.

그는 언제나 싱싱한 풀이 많은 곳에 소들을 몰고 가서 풀을 뜯어 먹게 했는데, 한 번은 호랑이가 나타나 소를 한 마리 잡아먹고 말았다. 그는 이렇게 생각했다. '소 한 마리를 잃었으니 이제 완전한 무리는 못 된다. 그러므로 나머지 소는 쓸모가 없게 되었다.'

그리하여 그는 소들을 깊은 골짜기의 낭떨어지로 끌고 가 아래로 떨어뜨려 모두 죽여 버렸다.

인생 경영에서도 이와 같은 흑백 논리는 아주 나쁜 습성이다. 이미 없는 것이나 아직 있지 않은 것에 집착해서 자신의 운신의 폭을 제한하므로 생기는 불행인 것이다. 오늘 만족하고 감사하는 사람에게 내일 만족하고 감사할 일이 주어지며, 하나에 만족하고 감사하는 사람에게 둘에도 만족하고 감사할 선물이 주어지는 법이다.

행복을 누리는 것도 좋지만 행복을 누릴 만한 자격이 있는 사람이 되도록 하는 것도 중요하다. 그것은 바로 범사에 감사할 줄 아는, 착하고 참된 사람이다. 행복에 집착하지도 말고 오늘 만족과 감사를 바탕으로 내일의 이상 실현을 위해서 살아야 한다. 긍정적이고 적극적인 행복관을 갖고 주체적으로 행복을 창조하자는 것이다.

욕망, 좌절됐다 생각하면 지옥이요. 그만됐다 생각하면 극락이요, 놓으면 해탈이다.

희망과 집착이 만났을 때

러시아 인도주의적 문학의 선구자적 역할을 한 고골리의 작품 가운데 '외투'가 있다. 한 말단 관리를 주인공으로 그의 비극적 운명을 주제로 한 이야기다.

어느 누구한테도 사랑을 받지 못하는 사람. 모든 사람한테서 멸시와 학대를 받는 가엾은 사람. 관청에서 서류를 정리하는 일만이 인생의 전부인 가난한 말단 관리가 오랜 기간 절약 끝에 꿈에도 그리던 새 외투를 맞춰 입는다. 그러나 바로 노상 강도에게 빼앗기고 주인공은 그 충격에 못이겨 죽어버리고 만다는 이야기다.

옛 경전에 이런 얘기가 전해지고 있다. 예전에 몹시 혼란한 나라가 있었다. 불안에 떨던 백성 등 모두가 앞을 다투어 다른 나라로 도망가서 한 길가에 있는 집까지도 완전히 텅텅비어 있었다.

한 늙은 병사가 지나가는 길에 어린아이의 울음소리를 듣고 그 집으로 들어가 보니, 어린아이가 천정 대들보를 쳐다보며 울고 있었다. 늙은 병사가 어린아이의 눈길을 따라 바라보니, 대들보 위에는 밥꾸러미 하나가 매달려 있었다. 그러나 밥꾸러미를 살펴보니 그것은 밥이 아니라 타나 남은 재였다. 어린아이는 밥꾸러미의 재를 보자마자 그만 죽어버렸다. 이는 그 아이의 어머니가 어린아이를 차마 죽이지 못하고 이 밥을 주겠노라고 하며 달랬던 것으로 보인다. 그러므로 어린아이는 밥을 잊지 못하고 오직 먹을 날만 생각해 오다가, 재가 되어버린 것을 알고서 아무런 생각이 없어져 버린 것이다.

희망과 집착이 만나서 만들어 낸 불행이니, 곧 절망이라 하겠다.

수용과 지향의 조화

어느 한 부자가 절에 갔는데 스님으로부터 3층 누각에서 차담을 나누었다. 내려다본 경치가 너무 좋아 자신의 집에도 3층 누각을 짓기로 하고 목수에게 의뢰를 했다. 집짓기를 시작한 수십 일 후에 가보니 아직 외형도 나타나질 않고 있는지라 너무 늦지 않는가 하고 탓했다. 목수는 3층을 올리기 위해서는 기초를 튼튼히 해야 한다고 늦은 이유를 설명했다.

다시 한동안 있다가 가보니 겨우 1층을 올리고 있었다. 이에 부자가 짜증을 내며 말했다.

"내가 요구한 것은 3층이다. 1층, 2층은 소용없다."고 화를 냈다.

《백유경》에 나온 이야기다.

이 부자의 마음병은 '빨리 빨리'를 넘어 '도깨비 방망이 병'에 걸린 것이다. 또 한편 이런 사람도 있다.

배가 고파 일곱 개의 빵을 먹기로 했는데 여섯 개의 반을 먹고 나니 배가 불렀다. 그는 유감스럽다는 듯이 손으로 자기 배를 쓱쓱 쓰다듬고 혼잣말로 중얼거렸다.

"내가 지금 배가 부르게 된 것은 이 마지막 반 조각의 빵을 먹었기 때문이다. 만일 이 반 조각의 빵으로 배가 부를 줄 알았더라면 처음부터 이 반 조각만 먹었더라면 좋았을걸."

이 사나이는 '한탕주의 병'에 걸린 사람이다. 이런 사람은 '과거를 묻지 마세요' 타입이다.

무작정 진도만 나가려는 학생, 달리기만 하는 사람은 인생의 참 행복을 느낄 수가 없다. 행복은 그때그때 매 순간을 느끼고 향유하는 가운데 있기 때문이다. 행복은 과거에도 있지 않고 미래에도 있지 않다. 지금, 여기, 이 순간 내가 느끼고 향유하는 것이다.

4

오늘 행복하고 내일을 준비한다

마음의 짐은 가볍게

우리는 일생 기쁨과 슬픔의 쌍곡선을 타면서 감정의 노예로 살기 일쑤다. '욕구-좌절-분노-욕구-좌절-분노'의 악순환을 반복하니 평상심을 맛볼 수가 없다. 기본적으로는 '나'라는 관념, 즉 아상(我相)에 집착하기 때문에 겪는 불행이기도 하다.

이제 이런 질곡에서 확 벗어나야 한다. 욕구가 좌절됐다고 잘못 생각하면 불행을 느끼고, 욕구가 성취됐다고 바로 생각하면 행복을 느끼고, 욕구를 탁 놓아 버리면 자유요 해탈이다.

추운 겨울 어느 날 법안 문익(法眼文益:885~958)스님이 절에 묵고 있을 때였다. 아직 깨달음을 이루지 못하여, 여기저기 배움을 구하러 다니다 때마침 눈사태를 만나 한동안 한 군데서 머무를 수밖에 없었다. 화로에 불을 쬐고 있는데 그 절의 방장인 나한 계침(羅漢桂琛)선사가 문득 물었다.

"어디로 가는 길이요?"

"그저 다니고 있습니다."

"어째서 그저 다니시오?"

"나도 잘 모르겠습니다."

"모른다는 것이 제일 친한 것이지요."

그러자 법안스님이 자신의 공부를 드러냈다.

"다만 삼계(욕계 · 색계 · 무색계)는 오직 마음이요, 만법(萬法)은 오직 의식이겠지요."

이에 나한 스님이 법안 스님의 대답을 점검하기로 했다.

"그럼, 저기 뜰 앞에 있는 돌은 그대 마음 안에 있겠소, 마음 밖에 있겠소."

"제 마음은 안에 있습니다."

"거참, 여기저기 여행하며 다니는 사람이 마음 속에 돌멩이를 넣고 다니니 무겁기도 하겠소."

우리 곁에 오신 반면보살

원효대사는 불교의 한 종파인 법성종을 일으킨 신라 제일의 스님이다. 경북 경산군에서 태어난 그는 승려가 된 후 의상대사와 함께 도반이 되어 수행을 했다.

원효의 나이 34세 때였다. 압록강을 건너고 요동에 이르렀을 때 해는 지고 주위가 어두워 둘은 더 걸어갈 수가 없었다.

마침 계곡 한쪽에 움집같이 생긴 곳이 보여 두 사람은 잘 되었다 싶어 그리로 갔다. 그곳은 무덤이었다. 그들은 피곤하던 참이라 자리에 눕자마자 깊이 잠에 빠졌다. 얼마나 잤을까. 원효는 문득 잠결에 목이 말라 주위를 더듬거렸다. 컴컴한 어둠 속에서 그의 손에 잡히는 게 물바가지라 벌컥벌컥 들이마셨다.

그런데 아침 깨어보니 그것은 해골바가지였다. 원효는 순간 머리에 찡하게 와닿는 어떤 깨달음이 있어 갑자기 얼굴이 환해졌다.

"어젯밤 나는 해골에 고인 물인지도 모르고 그것을 시원하게 마셨다. 그런데 오늘 아침 그것이 해골바가지에 고인 물이라는 것을 알고는 구역질이 나 간밤에 마신 것을 토해 내고 말았다. 그런데 사실은 같은 물이 아닌가. 그렇다 모든 것은 사람의 마음먹기에 달린 것이다."

원효는 여기서 큰 진리를 깨달았다. 일체유심조(一切唯心造)의 도리를 깨달은 원효는 그윽한 미소를 지으며 의상에게 말했다.

"의상, 나는 내가 구하고자 하는 진리를 깨달았소, 세상 일은 모두 마음먹기에 달려 있는 것이며 부처님의 말씀도 마찬가지라고 보오."

이리하여 당나라로 유학을 떠나던 원효는 중도에서 나름대로의 깨달음을 얻어 귀국하고 의상은 혼자 예정대로 당나라로 구법 유학을 떠났다.

며칠 전 일이다. 남편과 서울 사당동에 있는 절에 가게 되었다. 큰길에서 절까지 올라가는 길은 외길이고 무척 가파른 언덕이다. 남편은 원래 천천히 운전하며, 옆에서 끼어드는 차량에게 무조건 양보하는 운전 습관이 몸에 배어 있다.

그날도 반쯤 언덕길을 올라갔는데 멀리 위쪽에서 내려오는 차가 있었다. 나는 몹시 당황해서 남편에게 빨리 저 차에게 신호를 보내라고 이야기했다. 그러나 그 운전자는 벌써 재빠르게 내려오고 있었다. 우리 내외는 정말 당황했다. 좁은 길이니까 양보할 곳도 없었다. 언덕 중간에서 두 차가 만나게 됐고, 내가 내려서 그 운전자에게 말했다. "조금만 위에서 기다리셨다가 우리가 다 올라간 뒤 내려왔으면 좋지 않았겠습니까." 그러나 그 운전사는 다시 올라갈 수 없다며 양보하지 않는 것이었다.

결국 나이든 우리 내외가 후진으로 고갯길을 내려올 수밖에 없었다. 가파른 길을 후진으로 내려오는 것은 정말 위험하다. 사고가 자주 일어나기도 한다. 다행히 사고없이 다 내려오긴 했다. 그러나 상대편 운전자라는 아무 인사도 없이, 우리 내외의 놀란 마음도 아랑곳없이, 우리 차를 지나쳐 가버렸다.

너무 언짢아 그냥 집에 돌아와 버린 우리 내외의 마음은 바위만큼이나 무거웠다. 서로 양보하면서 살아가는 아름다운 마음, 여유가 풍부한 국민이 되었으면 좋겠다.

'양보는 남이 하는 것?'

(최영순, 59, 주부, 서울 용산구, 조선일보 99.10.26)

일상 생활 속에서 겪는 이런 경험은 마음공부하는 데 더없이 좋은 재료가 될 수 있다. 우선 최씨의 두 가지 손해가 아깝다. 하나는 절에 못 간 것이고, 둘은 마음을 상했다는 점이다.

안타깝다. 가던 길을 돌이켜 집으로 돌아온 것은 저 원효대사나 최씨 부부나 같은 것인데, 옛사람은 물을 잘못 마시고 마음의 도를 얻었고 뒷사람은 마음을 잘못 먹어 병을 얻었다.

스스로 개척하는 운명

사람의 팔자 변화의 법칙은 4단계로 돌아가고 있다.

첫째, 현재 낙을 받고 후에 고통받는 법

둘째, 현재 고를 받고 후에 낙을 받는 법

셋째, 현재에도 낙을 받고 후에도 낙을 받는 법

넷째, 현재 고를 받고 후에도 고를 받는 법이다.

괴로움을 받느냐 즐거움을 받느냐가 지금 이곳에서부터 시작된다는 것이다.

도적의 집에 아들이 하나 있었는데 하루는 '아버님이 늙은 후엔 우리 식구를 어떻게 보살펴야 할까. 나도 도둑질을 배워두어야 되겠다.' 생각하고 아버지에게 말하자 그의 아버지는 좋은 생각이라고 칭찬해 주었다.

어느 날 밤 아버지가 아들을 데리고 큰 집에 가서 담장에 구멍을 뚫고 집안으로 숨어들었다. 아버지는 궤짝을 열고 아들에게 그 속으로 들어가 옷과 돈을 가지고 나오라 하고서 그가 들어가자 궤짝문을 닫고는 자물쇠로 채웠다. 그리고는 일부러 대청마루를 두들겨 그 집안 사람들이 놀라 깨도록 하고서 자기는 먼저 담구멍을 찾아 도망쳐 버렸다. 그 집 사람들은 곧 달려나와 불을 밝혀 살펴보고는 도둑이 들어왔다가 이미 도망쳐 버렸다는 사실을 알게 되었다.

한편 그 아들은 궤짝 속에 갇혀서 우리 아버지가 무엇 때문에 이렇게 했을까 하며 걱정에 빠져 있다가 문든 좋은 생각이 하나 떠올랐다. 궤짝 속에서 쥐가 궤짝을 갉아 먹는 소리를 내니 그 집 하인이 등불을 켜고 궤짝을 열어 제쳤다. 궤짝이 열리는 순간, 도적 아들은 몸을 솟구쳐 등불을 끄고 하인을 밀치고 밖으로 달아났다.

그러나 그 집 사람들이 뒤쫓아 왔다. 중도에 이르러 도적 아들은 갑자기 우물 하나를 발견하고서 큰 돌을 우물 속으로 떨어뜨렸고, 사람들이 우물 속을 기웃거리며 도둑을 찾고 있을 때 곧장 집으로 도망쳐 왔다.

집에 도착한 아들이 아버지에게 그 까닭을 묻자, 그의 아버지는 아무 말도 하지 말라면서 어떻게 해서 그곳에서 빠져나올 수 있었느냐고 물었다. 아들이 있었던 모든 일을 낱낱이 이야기해 주자 그의 아버지는 그제서야, "그렇게 했으면 다 된 거다." 하면서 아들을 인정했다.

비유해서 선(禪)을 설명한 이 이야기는, 중생이 마음 닦는 공부를 해서 성불(成佛)하여 영원히 팔자를 고치는 방법으로, 결국 스스로 노력해서 이룰 일이지 스승은 다만 곁에서 보조만 할 뿐이라는 것을 암시한 것이다.

계속해서 비유한다면 도적 집안의 아버지가 죽자 그 아내는 백수 건달로 있는 자식이 도적 가문의 대(代)를 잇는 게 싫었다. 그래서 남의 재산이나 훔치며 살다가는 죽어 지옥에 간다고 훈계하면서 아들로 하여금 시장에 나가게 했다. 그리고는 아들을 불러 타일렀다.

"이놈아, 시장에 나가 장사꾼들 틈에서 뭔가 먹고 살 궁리를 해야지, 매일 집이나 지키고 있다가 네 애비처럼 도적질이나 하다 죽을 테냐."

그러자 아들이 볼멘 소리를 했다.

"저도 시장에 나가서 일하고 싶어요. 하지만 장사꾼들이란 거짓말

하는 것을 좋아하는데, 제가 바른 말을 하면 그들이 저를 싫어할 것이
고 그렇다고 거짓말을 하면 하느님이 싫어하실테니 저도 어쩔 수 없단
말예요."

이에 어머니가 말했다.

"이놈아, 그건 하나만 알고 둘을 모르는 거야. 네가 바른 말을 하면
하느님이 좋아하실 거고 또 거짓말을 하면 장사꾼들이 좋아할 것 아니
겠느냐. 그러니 아무 걱정 말고 시장에 나가거라."

그래서 도적의 아들은 시장에서 장사를 배워 훌륭한 상인이 되어 도
둑의 팔자를 끊었다 한다.

5

집착을 버리고 초월한다

저장할 수 없는 기분

잘 지낸 하루가 복된 수면을 이루게 하는 것처럼 잘 지낸 인생은 복된 죽음을 가져온다. 그래서 최후에 웃는 자가 가장 잘 웃는 사람이라고 했던가.

하루를 잘 보내려면 순간순간을 잘 보내야 한다. 특히 즐거움과 슬픔의 감정을 잘 소화해 낼 수 있어야 한다. 왜냐하면 해소되지 않은 감정은 압축된 가스와 같아 외적 자극이 가해지면 폭발할 위험이 있기 때문이다.

어떤 대학에 축제가 열렸다. 경영학과와 철학과의 축구시합이 있었는데, 우승팀에게는 한 학기 등록금이 면제되는 파격적인 상이 걸린 경기였다. 철학과 팀이 먼저 한 골을 넣었다. 골을 성공시킨 선수는 크게 기뻐하며 '골 세레모니'를 하는 법인데, 그 선수는 전혀 어떤 표정도 짓지 않고 담담해할 뿐이다. 전반전 경기는 1:0으로 끝났다.

다시 후반전, 경영학과 팀이 한 골을 만회하여 동점이 되었다. 골을 성공시킨 선수는 좋아 어쩔 줄 몰라하며 기뻐했다.

그러나 골을 허용한 철학과 팀은 이번에도 선수 전원이 그저 담담할 뿐, 실망하거나 동요하는 기색도 없어 보였다. 결국 철학과는 다시 한 골을 허용하여 경기는 경영학과의 역전승으로 끝이 났다. 이긴 선수들은 서로 얼싸안고 그라운드를 누비고 다녔다.

경기를 취재하던 학보사 기자가 전반전에서 골을 성공시킨 철학과 선수를 찾아가서 인터뷰를 했다.

"골을 성공시키면 기쁠텐데 어째서 잠자코 있었지요?"

"공이란 둥근 것이고 또 경기란 끝나봐야 승패를 알 수 있는 거 아닙니까? 한 골 넣고 좋아라 하다 막상 경기에 지면 그 무슨 소용이 있습니까? 결국 제 판단이 옳았지요."

철학도의 대답에 기자는 할 말을 잊고 말았다. 기쁨도 슬픔도 그때그때, 기분 좋고 나쁜 것도 그때그때 적절하게 표현할 줄 아는 것도 행복의 지혜다. 좋은 기분을 저장하겠다는 것도 어리석지만 더욱 심한 것은 나쁜 기분을 감추어 두었다가 일시에 털어놓아, 상대를 몰아세우는 것이다. 마치 교통경찰의 함정단속을 당하는 운전자와 같이, 당하는 사람의 기분은 황당하기 짝이 없는 것이다. 생일 날 받아놓고 다이어트하다 굶어 죽었다는, 그런 인생이 되면 얼마나 허무한 일인가.

기적은 일으켜 무엇하나

산하고 다람쥐가 말다툼을 했다. 산이 다람쥐를 보고 "꼬마 거드름쟁이"라고 하자 다람쥐가 대답했다.

"자네는 분명히 덩치가 크네. 그러나 삼라만상과 춘하추동과 날씨 따위 그 모든 것을 전부 합치지 않으면 1년이 되지 않고 하나의 세계가 되지도 않는 법. 그리고 나는 내 신분이 다람쥐임을 별로 부끄럽게 생각지 않는다네. 내가 자네만큼 덩치가 크지 않다고 말한다면 자네는

나처럼 꼬마가 되지 못하고 날랠 수도 없지 않겠는가. 나 역시 자네가
나를 위해서 오솔길을 만들어 준다는 사실을 시인하네. 재능은 정말
멋지게 창조되었다네. 나는 숲을 등에 질 수 없는 노릇이고 자네는 호
두를 깔 수 없는 노릇 아닌가."   － 에머슨 －

　미국에서 창시된 몰몬교의 예언자인 영 브리감은 몰몬교의 본거지,
솔트레이크 시티의 창설자이기도 하다. 물론 후에 여기서 동계 올림픽
경기가 열리기도 했다. 그는 어떠한 기적이라도 행할 수 있다고 늘 자
랑했다. 그러던 어느 날, 한쪽 다리가 없는 불구자가 찾아와 없어진 다
리를 돋아나게 해달라고 간청했다. 예언자는 즉석에서 승낙했다. 그리
고 다음과 같이 덧붙였다.

　"그러나 나는 당신의 희망이 이루어진 그 다음에 올 결과에 대해 또
한 이야기하지 않을 수 없습니다. 물론 내가 기적을 행하면 당신은 죽
는 날까지 두 발로 지낼 수 있을 것입니다. 그것은 확실히 이 세상에서
의 생활에는 큰 도움이 되겠지요. 그러나 최후의 심판의 날, 당신은 그
두 다리로 부활하는 것은 물론 잃어버린 다리까지 찾게 될 것입니다.
그렇기 때문에 나는 당신이 영원히 세 다리로 사는 불편을 당하는 것보
다는 차라리 한 다리 그대로 이 짧은 세상을 지내도록 권하고 싶군요."

　이 말은 연약한 장애자의 마음을 납득시키기에 충분했다.

　색깔의 아름다움을 보여주는 데는 크레파스 한 통이면 충분하다. 굳
이 무지개를 동원하여 기적을 일으킬 필요가 있겠는가. 운명에 감사하
고 인생을 향유하시라.

그 아비에 그 아들

어느 주말 오후. 한 회사원이 초등학교 아들과 함께 낚시를 떠났다.

아버지와 아들이 한 배를 타고 강을 건넜다. 배가 강 저편 언덕에 닿아 갈 때쯤 아들이 먼저 후다닥 뛰어내려서 아버지를 돌아다 보며 이렇게 말했다.

"동생도 어서 내려오지."

그러자 아버지가 두 눈을 부릅뜨고 야단을 쳤다.

"이놈, 그게 무슨 말 버릇이야. 아빠한테."

"히히, 한 배에서 먼저 나온 형이 동생보고 하는 말이죠."

아들이 이렇게 말하며 뛰어가자 아버지의 걸음이 아들보다 빨라서 아들이 거의 붙잡히게 되었다. 순간 아들이 돌을 주워서 자기가 선자리로 뺑 돌아가면서 금을 그어 놓고 그 가운데 쪼그리고 앉으면서 말했다.

"이 금 안으로 들어오는 놈은 내 아들이지."

잠시 고민에 빠진 아버지. 그런데 갑자기 등을 돌리더니 강에 떠 있는 배를 향해 뛰었다. 재빨리 배에 올라 노를 저으며 강물에 뛰어드는 아들에게 말했다.

"동생도 어서 올라타시지."

그러자 아들이 물장구를 치면서 소리를 질렀다.

"아빠, 그게 무슨 말씀이세요. 아들한테."

"이놈아, 배에 먼저 오른 형님이 동생보고 하는 말이지 뭐긴 뭐야."

이윽고 아들의 손이 거의 선미에 닿을 때쯤 되자, 아버지는 뱃머리를 빙빙 돌리면서 말했다.

"이 배 안으로 들어 오는 놈은 내 아들 아니지."

아들은 그만 엉엉 울 뿐이었다.

6

마음을 비우면 운명이 가볍다

걸림없는 마음의 소유자

속담에 물은 건너 보아야 알고 사람은 지내 보아야 안다고 했다. 마음이 지극히 맑고 밝고 고요하고 분명하여 무엇에도 걸림이 없다면, 그것을 일러 '마음을 비웠다' 하는 것이다. 그런 경지에 오른 사람이 대자유인이다.

일본에 유명한 백은(白隱) 스님이 있었다. 이 스님이 머무는 절 근처 마을에 여염집이 하나 있었는데, 그 집 딸이 방년 18세의 처녀로 어쩌다 아이를 배고 말았다. 처녀가 임신을 했으니 부모가 대경실색하여 매를 들고 딸을 추궁했다.

"바른대로 일러라. 네 감히 어느 놈의 씨를 배었느냐?"

"저, 저 위에 있는 절의 백은 스님이 그만……."

정부가 따로 있었지만 부모의 서슬이 워낙 시퍼래서 까딱 잘못하면 매맞아 죽게 될 판이라, 딸은 그만 얼떨결에 백은 스님의 이름을 대고 말았다.

"아, 그 대사가 우리 딸을……."

세상이 다 아는 고매한 인격과 수행이 깊은 것으로 알려진 백은 스님이 그랬다니 놀랍기 이를 데 없었다. 그러나 또한 어쩔 수 없는 일이라 부모는 스님을 찾아가 따질 수밖에 없었다.

"스님께서 어찌하여 내 딸을 보아 잉태하게 했습니까?"

그러자 어찌된 일인지 스님은 "아, 그래요?" 하고 담담히 대답할 뿐 도무지 표정이 없었다.

몇 달이 지나서 부모가 또 스님에게 대들었다.

"대사님, 대사님을 닮은 아들을 낳았습니다. 자, 보시죠. 스님 닮아서 머리카락이 없습니다."

아기를 들여다보던 스님은 이번에도 "아, 그래요?"하고는 부모가 안겨주는 아이를 안으면서 말했다. 그러자 사방팔방 소문이 자자했다.

일이 이쯤되고 보니 마음이 괴로워진 딸은 도저히 잠자코 있을 수가 없어서 마침내 양심선언을 하고 말았다. 그러자 그녀의 부모는 깜짝 놀라 절로 찾아가 스님께 백배 사죄했다.

"아이구, 스님. 송구스러운 마음 비길 데가 없습니다. 부디 저희들 무례를 너그러이 용서해 주십시오."

그런데 이때도 스님은 역시, "아, 그래요?"할 뿐 빙그레 웃기만 했다. 참으로 마음을 비운 무심도인(無心道人)의 풍모를 여실히 보여 주는 대목이다.

세 가지 종류의 인격

인격이란 여러 성질의 것으로 이루어진다. 그래서 십인십색(十人十色)이다.

경전에 세상에는 세 가지의 사람이 있다 했다. 첫째는 바위 위에 글자를 쓴 것 같은 사람으로 자주 성을 내고 신경질을 내며 분한 마음을 오랫동안 간직하여 마치 바위에 새긴 글자와 같이 녹아지지 않는 사람이다. 둘째는, 모래 위에 글자를 쓴 것 같은 사람으로 자주 성을 내고 화를 일으키되 그 노여움이 바로 녹아 마치 모래 위에 쓴 글자와 같은 사람이다. 셋째는 물 위에 글자를 쓴 것 같은 사람으로 물 위에 글자를 써도 곧 흘러서 형상을 남겨놓지 않는 것과 같이 남의 악담이나 분한 말을 들을지라도 조금도 마음에 흔적을 남기지 않고 온화한 기품이 얼굴에 가득한 사람이다.

옛날 사위성에 젊은 과부가 살고 있었다. 그녀는 대단히 평판이 좋아 '친절하다, 겸손하다, 조용하다'는 말을 들었다. 그녀에게는 가리라는 하녀가 있었는데, 그 역시 영리하고 일도 잘했다.

어느 때, 가리는 생각하기를 '우리 주인은 참으로 평판이 좋으나 밖으로 드러내지 않는 것은 아닐까? 한 번 이것을 시험해 봐야지.'

그래서 가리는 일부러 아침 늦게까지 자고 겨우 낮이 되어서야 일어났다. 그러나 주인은 가리에게 말했다.

"가리야, 오늘은 너무 늦었다. 왜 이처럼 늦게 일어났느냐?"

"그것은 뭐 마님과는 관계가 없다고 생각해요."

이 말에 과부는 화를 내며 이마에는 노여움의 주름살까지 일어났다.

"뭐라고? 관계없다고! 이처럼 늦게 일어났으면서 말이니?"

그래도 가리는 다음 날 또다시 전날보다 늦게 일어났다. 주인이 또 화를 냈다.

"가리야, 왜 너는 또 이렇게 늦게 일어나는 거냐."

"늦든 이르든 마님과 무슨 관계예요?"

"무슨 관계라니, 못된 것!"

그녀는 매우 화를 내고는 끝내 노여움을 참지 못하여 몽둥이를 들고 가리의 머리에 상처를 입혔다. 가리는 피투성이가 된 무서운 몰골로 집을 뛰쳐나와 큰 소리로 이웃에 퍼뜨리고 다녔다.

"동네 사람들, 친절한 사람의 행동을 봐 주세요. 겸손하고 조용한 사람의 처신을 봐 주세요. 늦게 일어났다고 해서 몽둥이로 내 머리에 상처를 입혔답니다."

그런지 얼마 후 '과부는 무섭고 난폭한 여자다' 라는 소문이 퍼지게 되었다. 그녀의 성품은 바위 위에 글자를 쓴 것 같은 사람이었음이 만천하에 드러났다.

깨어나라, 꿈에서

미국에서 활약한 독일의 극작가 에른스트 톨러는 '나에게는 생(生)이 있다' 로 유명했다. 그는 평소 "꿈을 꾸지 않는 사람은 살아갈 자격이 없다"는 말을 즐겨 했는데, 놀랍게도 46세 때 뉴욕에서 자살로 생을 마감했다.

그를 좋아했던 한 소설가는 그의 사망 소식을 병상에서 듣고 충격을 받았으나, "나는 사는 것이 역작(力作)이야" 하고 혼잣말을 했다. 두 사람의 인생이 퍽 대조적인 모습을 보이고 있다.

옛날 주나라에 많은 돈을 벌어 부자가 된 윤씨라는 사람이 살고 있었다. 큰 재산을 모으려니 자연 그 밑에서 일하는 사람들의 노고는 이루 말할 수 없었다. 그의 하인 가운데 늙은 사람이 있었는데 근력이 달리고 힘이 부쳐 궁궁거리면서도 항상 웃는 낯으로 일하며, 괴로운 내색은 조금도 없었다.

반면 윤씨는 늘 피곤하고 초조하며 짜증이 날로 늘기만 했다. 그럴 수밖에 없는 것이 어찌된 일인지 날마다 밤이면 꿈에서 어느 못된 상전 밑에 들어가 혹독한 종살이를 하는 것이었다. 밤새 진이 빠지도록 종살이를 하고 나면, 그 다음날은 온몸이 물에 젖은 솜처럼 무겁게 늘어져 짜증만 나는 것이었다.

그런데 그는 자기보다 하나도 처지가 나을 것이 없는 늙은 일꾼이 항상 웃는 낯으로 일하고 있는 것이 도무지 이해가 되지 않았다. 도리어 그보다 몇 갑절 유복한 자신이 이처럼 즐겁지 못한 것이 이상하기까지 했다. 윤씨는 궁금한 중에 늙은이를 불러 그가 즐거워하는 까닭을 물었다.

"저는 낮에는 주인 어른 밑에서 일합니다만, 밤이 되면 나랏님이 되는 꿈을 꿉니다. 인생 백 년에 낮과 밤의 시간이 반반으로 나뉘어지는데, 저는 낮에는 종노릇을 하고 밤에는 임금이 되니, 낮의 괴로움을 어찌 괴로움이라 원망하겠습니까? 낮은 낮대로, 밤은 밤대로 저에게는 다 뜻있는 삶입니다. 저는 종으로 사는 낮 시간에도 임금으로서 사는 법을 깨닫게 되었습니다."

이 말에 윤씨는 크게 깨달았다. 그리하여 그는 늙은 일꾼의 과다한 노역을 덜어주고, 다른 일꾼들에게도 예전에 가져보지 못한 온정을 갖게 되었다. 이렇게 되면서 자신의 고달픈 증세도 씻은 듯이 사라졌다.

이러한 '일꾼의 꿈'을 '역부지몽(役夫之夢)'이라 한다. 이는 세상 부

귀영화가 꿈과 같이 덧없음을 비유하여 이른 말이나, 한편으로 한 번
뿐인 인생을 불평하고 원망하며 살기보다는 어떤 어려움 속에서도 좌
절하지 말고 더욱 열심히 일하여, 그 가운데서 인생의 참뜻을 찾아 사
는 것이 값지다는 것을 말해주고 있다.

7

날마다 좋은 날

미쳐도 제대로 미쳐야

순자(荀子)는 춘추전국시대 때 성악설(性惡說)을 주장한 사람으로 후세에까지 큰 명성을 떨쳤다. 그가 즐겨 쓴 휘호가 있었으니, '막신호일(寞神好一)'이 그것이다. 하나를 좋아하고 거기에 미치고 통달하는 것보다 더 신명나고 좋은 것은 없다는 순자의 행복 철학이다.

하나(一)에 미쳐서 몰아지경, 무아지경에 빠지는 것은 세상 누구에게나 흔한 일이다. 탈춤을 추는 사람도, 테크노댄스를 추는 사람도 나름대로 막신호일이라 할지모르나 그것은 다만 '나'를 잊은 것일 뿐 '나'를 발견하고 그것을 초월한 의미에서의 막신호일은 아니다.

두 사람이 마주앉아 도끼 자루 썩는 줄도 모르고 바둑에 미쳐 있었다. 어떤 도인이 이 광경을 보고 웃으며 말했다.

"내가 보니, 두 개의 고깃덩어리가 움직일 뿐이군요."

그러자 그 중 한 사람이 무슨 뜻인가고 물었다.

"두 분은 몸은 있으나 정신은 떠나 흑백의 바둑돌 속에 들어가 있은 지가 오래되었으니, 서로 대치하고 있는 것이 고깃덩어리가 아니고 무엇이겠습니까?"

두 대국자는 잠시 머쓱해하더니 이내 바둑에 몰입하는 것이다.

못 받은 저승 삐삐

어떤 노인이 있었는데 "늙으면 죽어야지"하며 살다가 갑자기 죽었다. 염라대왕을 만나보자 대뜸 항의를 했다.

"저승에 데려오려면 진작 알려 주어야 하지 않겠소?"

그러자 왕이 말했다.

"내가 자주 알려왔노라. 너의 눈이 점점 침침해가는 것이 첫번째 소식이었고, 귀가 점점 어두워지고 있는 것이 두 번째 소식이었으며, 이가 점점 빠지는 것이 세 번째 소식이었다. 그리고 너의 몸이 날로 쇠약해 가는 것으로 셀 수 없는 소식을 전해 왔노라."

노인은 그만 수긍할 수밖에 없었다.

이번에는 까닭없이 요절한 소년이 왕에게 항의했다.

"나의 눈과 귀는 밝고 이는 튼튼하며 온몸이 건강합니다. 왕은 어째서 나에게는 저승 삐삐를 치지 않았습니까?"

그러자 왕이 이렇게 대답했다.

"그대에게도 무상(無常)의 소식을 수없이 전해 왔으나 그대가 무관심하여 살피지 못했을 뿐이로다. 동쪽 마을에 나이 4, 50 되어 죽은 자가 있지 않은가. 서쪽 마을에 2, 30 되어 죽은 자가 있지 않은가. 그밖에 10세 미만이나, 두세 살 먹은 젖먹이 나이로 죽은 자도 있지 않은가. 어찌 저승 삐삐를 치지 않았다 하는고?"

소년도 그만 수긍하지 않을 수 없었다.

세월부대인(歲月不待人)이라, 세월은 사람을 기다리지 않으니 아껴 써야 한다. 세월은 얻기는 어려우나 잃기는 쉬운 무상한 것이기 때문이다.

네 종류의 우정

'만종(晩鍾)' '이삭줍기' 등 수많은 명화를 남긴 프랑스의 천재화가 밀레도 젊은 시절에는 가난했다.

그럴 즈음 밀레의 친구 루소가 찾아왔다. 당시 루소는 신진화가로 이미 상당한 인기를 얻고 있었다. 루소는 밀레의 손을 부여잡고 이렇게 말했다.

"밀레! 반가워하게. 자네의 그림을 사겠다는 미국인이 나타났어."

"뭐라고? 아니, 그게 정말인가?"

그 순간 가난에 찌든 밀레의 얼굴에 생기가 돌았다.

"루소, 참으로 고맙네. 이제 우리 식구는 살게 되었구먼. 자, 어서 자네 마음에 드는 그림을 고르게."

"이 사람아! 고르고 말고 할 게 뭐 있나……. 난 자네 그림이라면 눈을 감고도 알 수 있단 말야."

그러면서 루소는 '접목(接木)하는 농부'의 그림을 집었다. 밀레는 그림에다 사인을 끝낸 다음 친구의 손에 그림을 들려 주었다.

그러나 사실 그 그림을 사간 것은 루소 자신이었다. 친구의 가난을 보다 못해 도와주고 싶었지만 기분을 상하지 않게 하려고, 이같은 연극을 꾸민 루소의 마음은 오랫동안 훈훈한 우정으로 이어졌다.

저 유명한 괴테와 쉴러는 독일 문학사에 나오는 두 거장이다. 이 두 사람은 같은 시대의 사람으로서 서로 각별한 친구였고 생존시에는 우열을 가리기 어려울 만큼 서로 라이벌 관계에 있기도 했다.

그때 이 들에 대해 누가 귀테에게 물었다고 한다.

"괴테와 쉴러, 당신들 둘 중에 누가 더 위대하오?"

이 질문에 대해 괴테는 이렇게 답했다고 한다.

"더 위대한 어느 하나보다 누가 더 나은지 모르는 둘이 있는 게 더 좋지 않소?"

그들이 같이 활동하던 독일 바이마르 시에는 이 두 사람이 다정히 손잡고 있는 동상이 지금도 남아 있다.

벗에는 네 가지가 있다 했다.

첫째, 꽃과 같은 벗으로 꽃이 좋을 때는 머리에 꽂았다가 시들면 버리는 것과 같이 부귀를 보면 붙었다가 빈천하면 떠나는 자다.

둘째, 저울과 같은 벗으로 물건이 무거우면 머리를 숙이고 물건이 가벼우면 추켜드는 것과 같이 주는 것이 있으면 공경하다가 주는 것이 없으면 업신여기는 자다.

셋째, 산과 같은 벗으로 황금 산에는 새와 짐승이 모이며, 털과 깃이 광태를 입는 것과 같이 귀하면 능히 사람을 번영하게 하고 부하면 능히 함께 기뻐하는 자다.

넷째, 땅과 같은 벗으로 오곡백과와 재보 실체가 땅에 의지하는 것과 같이 베풀고 기르며 우호하여 은혜가 두터운 자를 이른다.

8

어찌 도(道)가 산중(山中)에만 있으랴

거지도 누리는 행복

어떤 분이 모스크바 연주회를 갔다가 그곳 유학생에게 들은 이야기라며 신문에 기고한 글을 읽은 적이 있다.

학생이 머무는 기숙사 근처에 거지 할아버지가 진을 치고 있어 오다가다 가끔 동전도 던져 주곤 했는데, 어느 눈이 많이 온 날 저녁 음악회장 입구에서 그 할아버지를 만났다는 것이다.

차이코프스키의 '비창' 연주를 들으러 왔다고 하더란다. 허리춤에는 웬 비닐주머니 자루를 꿰차고……. 그런데 이 노인은 연주회장에 들어가기에 앞서 그 비닐주머니에서 번쩍번쩍 빛나는 잘 닦은 가죽부츠를 꺼내 바꿔 신고 당당하게 입장하더라는 것이다. 눈에 젖은 운동화를 신고 그 뒤를 따라 입장했던 그 유학생은 지금도 부끄럽고, 그 거지를 존경스럽게 생각한다고.

우리 사는 생활 속에 행복의 소재는 여기저기 무수히 널려 있다. 문제는 행복해질 수 있는 가슴을 우리가 가지고 있느냐는 것이다. 지금 가지고 있는 것, 지금 자기가 이룬 것, 지금 하고 있는 것을 당신이 좋아하게 되면 행복은 가슴속에 피어나게 된다. 저 거지도 만끽하는 행복, 그게 뭐 대단한 것이라고 우리가 누리지 못하겠는가.

스님의 옷 청문회

길을 가다 털을 뽑고 요리한 통닭 치킨을 볼 때마다 느낀 점은 '옷이 날개다' 라는 말이다. 털 뽑기 전의 모습과 비교해 너무도 못나 보이기 때문이다.

'옷 청문회' '옷 로비 의혹 사건' 특별수사 과정을 지켜보면서, 인간에게 옷이 미치는 영향력을 생각하게 한다. 임어당은 "세상의 남녀는 옷을 벗으면 원숭이와 같아지고 옷을 입으면 입을수록 당나귀와 같아진다."고 했다. 아무리 '입은 거지는 얻어먹어도 벗은 거지는 못 얻어먹는다' 하지만 몸에만 꼭 맞는 옷을 입기보다는 양심에 꼭 맞는 옷을 입고 있는지 한번쯤 생각해 볼 일이다.

옛날 사마파제 왕비가 5백 벌이나 되는 옷을 아난존자에게 바쳤다. 그리고 아난은 이것을 교단의 대중들에게 나누어 주었다. 이 사실을 보고 받은 우전왕은 크게 놀란 나머지 아난을 찾아가 출가자로서 너무 많이 받는 것은 지나친 욕심이 아니냐며 '옷 청문회' 를 열었다.

우전왕이 크게 의심하며 아난에게 따졌다.

"대덕은 이와 같이 많은 옷을 어떻게 처리합니까?"

"대왕이시여, 나는 옷이 해진 제자들에게 나누어 주었습니다."

"그럼, 그 해진 옷은 어떻게 했지요?"

"해진 옷으로 이부자리를 만듭니다."

"해진 이부자리는 어찌합니까?"

"베갯잇을 만듭니다."

"낡은 베갯잇은 어찌합니까?"

"깔개를 만듭니다."

"낡은 깔개는 어찌합니까?"

"발 닦는 수건으로 씁니다."

"발 닦는 낡은 수건은 어찌합니까?"

"걸레로 씁니다."

"낡은 걸레는 어찌합니까?"

"대왕이시여, 우리들은 그 걸레를 잘게 찢어서 진흙에 섞어 벽을 바를 때 사용합니다."

"참으로 좋습니다. 대덕이여, 불가(佛家)의 제자들은 물건을 잘 이용할 줄 아십니다."

왕은 깊이 감동하여 그 자리를 떠났다. 숨길 게 없고 진실하여 하나 거짓이 없으니 묻는 즉시 바로바로 대답을 할 수 있는 것이다.

명예를 얻는 비결

사람의 욕망은 다양하여 유독 명예에 집착하는 사람들이 있다. 아마 '배 부르고 목 굳은 자' 의 허욕이 아닌가 싶다.

《맹자》에 그런 사람이 나온다.

제나라 사람으로 아내와 첩 하나를 두고 사는 자가 있었다. 이 사람은 외출할 때마다 반드시 술과 고기를 진탕 먹고 돌아오곤 했다. 그의 아내가 함께 먹고 마신 사람이 누구냐고 물으면 그때마다 "다 돈 많고 벼슬 높은 사람들이오." 라고 대답했다.

이상하게 여긴 아내가 그의 첩에게 이렇게 말했다.

"주인이 외출하면 반드시 술과 고기를 물리도록 먹고 돌아오면서 함께 먹고 마신 사람을 물으면 다 돈 많고 벼슬 높은 사람들이라고 했으나, 여지껏 이름난 사람이 우리 집에 온 적이 없었으니, 나는 주인이 가는 곳을 몰래 알아보려네."

다음 날 그녀는 일찌감치 일어나 몰래 남편 가는 곳을 따라갔는데, 온 동네를 다 가도 같이 서서 이야기하는 사람이 없었다. 마침내는 동쪽 성 밖의 무덤에서 제사지내는 사람에게로 가더니 먹고 남은 것을 구걸하고 모자라면 또 다른 곳으로 가곤 했다. 이것이 그가 물리도록 먹고 마시는 방법이었다. 이를 보고 돌아온 아내가 첩에게 말했다.

"주인이란 우러러보며 평생을 살 사람인데, 지금 그는 이 꼴일세!"

아내는 첩과 함께 남편을 나무라면서 마당 가운데에서 울음을 터뜨렸다. 이런 줄도 모르고 남편은 밖에서 돌아와 여전히 으시대면서 아내와 첩에게 뽐내었다.

아, 바른 눈으로 볼 때 세상 사람들이 부귀와 명예를 찾아다니는 방법치고, 그들의 아내와 가족이 부끄러워하지 않고 서로 붙들고 울지 않을 만큼 떳떳하고 당당한 사람이 오늘 얼마나 될까.

제8부

팔자지우기 심이요법

1

주고 받는 즐거움

차별없는 평등심으로

이번 마지막 8부에서 주로 나누는 이야기는 육바라밀이다. 바로 차안에서 피안의 세계로 이르게 하는 보살의 실천수행의 방법인데, 보시, 지계, 인욕, 정진, 선정, 지혜가 그것이다.

우선 보시에는 금전이나 물품 등으로 남을 이롭게 하는 재시, 참다운 불법의 가르침을 전하여 가치있게 알도록 도와 주는 법시, 그리고 타인이 고난에 처하여 불안과 공포를 느끼고 있을 때 그 사람을 구해 주는 무외시가 있다.

중국 오대산 영주사에서 춘삼월마다 무차대회(無差大會)가 있는데 승속(僧俗)과 남여 귀천없이 음식을 주어 배부르게 했다. 말하자면 먹는 데 평등해야 법도 평등하다는 뜻이다.

하루는 어떤 거지 여자가 두 아들과 개 한 마리를 데리고 왔는데, 몸에는 아무것도 가진 게 없어 머리털을 깎아서 시주를 했다. 그리고는 아직 밥 때가 되지도 않았는데 그곳 스님에게 말하기를 "나는 급한 볼일이 있어 곧 가야겠으니 밥을 주면 좋겠다." 하는 것이다.

스님은 눈치를 살피며 밥상을 차려주고 셋이 먹으라고 했다. 여자는 또 "개도 먹어야겠으니 한 몫을 더 달라."고 하여 할 수 없이 한 몫 더 주었다. 또 "내게는 태아(胎兒)가 있으니 한 몫 더 주어야겠다."고 하

는 것이었다. 그러자 이번에는 그 스님이 벌컥 화를 내며 "그대는 스님
네 잿밥에 너무 욕심이 많도다. 배 안에 있는 것은 아직 낳지도 않았는
데 무슨 밥을 먹는단 말인가? 저렇듯 탐욕이 많아서 무엇하겠느냐?" 하
고 나무랐다. 그 여인은 스님의 꾸중을 들으며 이렇게 게송을 노래했
다.

쓴 박은 뿌리까기 쓰꼬
단 참외는 꼭지까지 달다.
삼계(三界)에 몸 둘 곳 없어,
스님의 꾸중을 받노라.

게송을 마치자, 여인은 공중으로 솟아 보살이 되고 개는 사자가 되
고, 두 아들은 동자가 되었다.

스님이 '참 성인을 몰라뵈었다'고 칼을 들어 제 눈을 도리려 하는 것
을 대중이 달려들어 말렸다. 여인이 몸을 솟구친 곳에 탑을 쌓고 머리
카락을 모셨으니 절 이름을 발탑사(髮塔寺)라 했다. 명나라 만력(1573
~1619) 때 주지 원광이 탑을 중수(重修)하면서 머리카락을 내어보니
금빛처럼 찬란했으며, 보는 사람에 따라 여러 가지 색으로 변했다 한
다. 《문수경》의 이야기다.

스님의 극약 처방

어떤 노스님이 벽장 속에 꿀 항아리를 감춰두고 혼자만 맛있게 먹었다. 어쩌다 사미승에게 들키기라도 하면 그는 이렇게 말했다.

"이건 독약이란다. 아이들이 먹으면 죽는 약이다."

그러던 어느날, 스님이 잠시 출타한 사이 사미승이 벽장 속에 들어가 꿀을 먹어보았다. 그 맛이 너무도 기가 막혀 사미승은 꿀 항아리 바닥까지 정신없이 핥아 먹어버렸다.

그러나 그 다음이 문제였다. 스님이 돌아오면 틀림없이 꾸중을 듣고 당장 쫓겨날 것이 걱정되었기 때문이다. 곰곰이 생각하던 사미승은 스님이 가장 아끼는 벼루를 바위에 던져 깨뜨려 버렸다. 그리고는 이불을 덮어쓰고 죽은 듯이 누워있었다.

마을에서 돌아온 스님은 사미승을 보고 어디가 아프냐고 걱정스런 얼굴로 물었다.

"스님, 죽을 죄를 지었습니다. 스님께서 가장 소중히 여기시던 벼루를 깨뜨렸습니다. 그래서 죽으려고 벽장 속에 있는 약을 모조리 먹었는데 아직도 죽지 않고 있습니다. 흑흑"

스님은 금새 사태를 짐작하고는 이렇게 말했다.

"음, 죽는 건 너무 걱정하지 말아라. 그 약에는 소금을 타서 먹어야 약효가 빠르니라. 내 소금 한 바가지 퍼 갖고 오겠다."

그러자 사미승은 벌떡 일어나서 무릎을 끓고 울기 시작했다.

"스님, 살려주십시오. 다시는 안 그러겠습니다."

2
지킬 건 지키자

세상에 공짜는 없다

지하철 2호선 당산역을 이용할 때였다. 개찰구를 빠져 나오자마자 갓 튀긴 팝콘 냄새가 코를 찔렀다. 어찌나 구수한지 온몸에 전율이 느껴질 정도였다.

'언젠가 사 먹고 말거야' 하면서 지내던 중 귀가길에 쑥스러움을 무릅쓰고 한 봉지 샀다. 내가 팝콘을 산 것은 먹고 싶기도 했지만 그동안 지나 다니면서 너무도 맛있게 공짜 냄새를 맡게 해준 데 대한 고마움과 사지 않은 미안함이 있었기 때문이기도 했다. 코트 주머니에 팝콘을 넣고 조금씩 빼먹으면서 버스에 오른 후에도 '집에 가서 먹어야지' 하는 마음은 온데간데 없고 손은 부지런히 주머니 속을 드나들었다. 지금 돌이켜 생각해 보니, 내 곁에 있던 승객 누군가 그 구수한 팝콘 냄새를 맡고 몹시 먹고 싶어 하지는 않았을지 새삼 저어하는 것이다.

옛날 어느 수행자가 오랜 동안 열심히 수행 정진했다. 그는 아주 깊은 수행의 경지에 도달해 있었다. 그런 어느 날 연못가를 거닐다가 아름다운 연꽃이 피어있는 것을 보고 자기도 모르게 연꽃의 향기를 맡으면서 즐기고 있었다.

그때 연못의 신이 나타나서 크게 꾸짖었다.

"감히 수행하는 사람이 함부로 남의 꽃향기를 허락도 없이 훔쳐서

맡는가?” 하고 호통을 치는 것이었다. 그 수행자는 얼떨결에 잘못을 사죄하고 용서를 빌었다. 그런데 조금 있다가 어떤 사람이 그 연못가를 지나가면서 그 연꽃을 꺾어서 그대로 가지고 가는 것이었다. 수행자는 저 사람은 연못의 신(神)한테 어떤 벌을 받을까? 하고 궁금하여 유심히 지켜보고 있었다.

그런데 그 사람이 멀리 사라져 버릴 때까지 연못의 신은 벌을 주기는커녕 꾸중조차 하지 않는 것이었다. 아니 아예 못 본 체하고 봐주는 것 같았다. 그 수행자는 하도 어이가 없어서 연못의 신에게 따져 물었다.

“나는 겨우 연꽃의 향기를 한 번 맡아 보았을 뿐인데도 당신은 나에게 크게 꾸짖고 화를 내더니, 여찌하여 아까 저 사람은 연꽃을 송두리째 꺾어 가지고 갔는데도 꾸지람은커녕 말 한 마디 없었는가?”

그러자 연못의 신이 대답했다.

“그대는 이미 수행을 깊이 했다. 그래서 마치 고운 비단옷을 입은 꽃과 같이 어질고 깨끗한 품성을 지니고 있다. 그러나 아까 그 사람은 나쁜 짓만 일삼고 살아왔다. 그 사람은 마치 검은 먹물옷을 입은 것과 같이 추하고 더러운 성질을 지니고 있다. 아주 곱고 깨끗한 비단에야 다른 물이 한 방울만 떨어져도 단번에 그 더러움이 밖으로 드러나 보인다. 하지만 원래가 추한 옷에는 더 더러운 오물을 뒤집어 쓴다 해도 표가 나지 않는 법이다. 그대는 수행을 깊이하여 그 성품이 맑으므로 아주 작은 잘못도 뚜렷이 드러나기 때문에 선신(善神)의 꾸중을 듣게 된 것이다.

이 말을 들은 수행자는 한 순간이라도 방일하여 꽃향기에 취했던 자신을 깊이 반성하고 수행 정진하여 훌륭한 도인이 되었다는 이야기다.

잘난 스타 못난 바보

보통 사람들은 법대로 살기 어렵고 성직자들은 계율대로 살기 어려운 것 같다. 교도소는 일년 내내 만원 사례의 연속이고 성직자들은 파계와 전과를 무슨 능력으로 여기는 것과 같다. 참 묘한 세상이다. 계율 잘 지키고 죄 짓지 않고 묵묵히 있는 듯 없는 듯 사는 포교자나 목회자들은 별 할 말도 간증거리도 없다 하여 신도들에게 인기가 없다. 반면에 싸움질하고, 사고치고, 사람을 해치고, 알콜중독에 도박, 사기, 절도, 가정 파괴 등 온갖 죄를 다 짓고서도 참회하고 회개하여 영험을 얻고 성령, 은혜 입었다고 여기저기 정신없이 불려다니는 포교, 목회자들이 최고의 인기를 누리는 세상이다. 거꾸로 가는 세상 같아 현기증이 느껴질 정도다.

옛날에 성지순례를 다니는 한 사나이가 있었다. 몹시 목이 말라 물을 찾다가 햇볕이 쨍쨍 내리쬐는 땡볕 아래서 아지랑이를 보고 물인 줄 착각하고, 다급히 그것을 향해 달려서 인더스 강까지 왔다. 그가 고생해서 강가에 이르렀는데도 강물을 들여다보기만 할 뿐 물을 마시려고 들지 않았다. 옆에 있던 사람이 물었다.

"자네는 목이 말라 찾아오지 않았나. 이제 물가에 왔는데 왜 물을 마시지 않지?"

그러자 사나이가 말했다.

"당신이나 마셔요. 나는 마시고 싶어도 물이 너무 많아 도저히 다 마실 수 없어요. 그래서 마시지 않아요."

사람들은 이 말을 듣고 모두 비웃었다. 이것은 외도(外道)나 신심 약한 신자들이 사물의 도리를 왜곡하는 것과 같다. 나는 백 번 참회하고 회개하여 '잘난 스타' 보다 백 번 용서하고 인내하여 '못난 바보'를 더 존경한다.

일체 세상 사람이 죄를 짓기는 쉬우나 복을 짓기는 어려우니라. 그리고 일체 학사(學士)도 복을 짓기는 쉬우나 도를 닦기는 어려우며, 도를 닦기는 쉬우나 도를 알기는 어렵고 도를 설하기는 쉬우나 도를 행하기는 어려우니라.

– 석가모니 말씀 –

3

참는 게 복이다

인내를 시험하지 말라

'인내는 쓰나 그 열매는 달다'고 했는데 요즘은 참는 게 미덕은 아니라는 풍조가 만연해 있는 것 같다. 참는 것이 스트레스의 원인이 되어 심하면 화병도 유발한다고 한다.

우리 주변에는 인내의 한계를 시험하게 하는 일이 비일비재하다. 공공질서를 지키는 일이 대표적이다.

여기 한 사람이 참다 못해 폭발한 이야기가 있다.

며칠 전 지방에 있는 친구를 만나기 위해 승용차로 경부고속도로를 탔다. 비가 많이 내리는 일요일이었기 때문에 오후에는 상행선이 정체될 것을 우려해서 일찌감치 고속도로로 올라섰다.

그런데 아침부터 정체가 시작되고 있었다. 버스전용차선에서는 고속버스가 시원스레 달려가는데 승용차들은 거북이 걸음을 하고 있으니 여러 모로 갑갑했다.

그런데 사방으로 빗물을 튀기며 간간이 전용차선으로 달리는 승용차들이 보였다. 무슨 급한 일인지 모르겠지만 비상등도 켜고 고속버스의 뒤를 따라 쌩쌩 달리고 있었다. 그러다 보니 한대 두대 전용차선으로 끼어들어 보란 듯이 달리기 시작했다. 뒤에서는 고속버스들이 그런 승용차들을 향해 연신 경보음을 울려대면서, 번쩍거리고…….

오랜만에 서울을 벗어나 기분좋게 가려고 했는데, 길도 막히는 데다가 도심에서나 볼 수 있는 그런 광경을 또 보게 되니 점점 화가 났다. 나를 언짢게 한 것은 버스전용차선으로 달리는 차들의 거의 대부분이 소위 고급 승용차, 외제차들이란 점이다.

누군들 빨리 자신의 목적지까지 가고 싶지 않은 사람이 어디 있겠는가? 밀리지만 자신의 차례를 기다리는 대부분의 차량들과는 달리, 혼자 먼저 가겠다고 전용차선으로 질주하는 고급 승용차들의 작태를 보며 하루 종일 씁쓸한 마음을 감출 길이 없었다.

(황승의, 공무원, 조선일보 99. 10. 25)

나도 한 10여 년 전만 해도 횡단보도를 건너는데 신호를 무시하고 쌩쌩 지나치는 차들을 볼 때마다 '미친놈, 가다가 사고나 나라' 하며 분을 삭힌 적이 더러 있었다. 그러나 지금은 그보다 더한 경우를 당해도 '가다가 사고는 나지 말아야 할 텐데' 하고 오히려 무사하기를 기원해 주는 여유가 생겼다. 내 마음의 운전대를 고쳐 잡으니 너무너무 자유롭고 편하다.

"그래, 관두자. 그것이 그대의 사는 행복이라면!"

용서의 타이밍

진정 사랑이 없는 인생은 죽음과 같고 애정이 없는 가정은 무덤과 같다는 생각을 하게 하는 사연이 있다.

그녀는 고작 열아홉 살이었고, 대학을 포기하고 싶지 않았다. 그렇지만 그녀는 맏딸이었고 집안 식구들을 먹여 살려야 했다. 아버지는 알콜중독이었다. 집안 물건까지 내다 팔아 술을 마시고, 식구들을 때리곤 했다. 그녀는 차라리 아버지가 없으면 좋겠다고 생각했다.

고등학교 졸업 후, 그녀는 제약회사에 취직했다. 친구들은 좋은 옷도 사입고 여행도 갔다. 부러웠지만 할 수 없었다. 생활비, 동생들 학비, 아버지 약값……. 월급은 늘 모자랐다.

그러던 어느 날, 어떤 모임에서 "원수마저도 사랑하십시오" 라는 말을 들었다. 자취방에 돌아와 누운 후에도 그 말은 계속 메아리쳤다. 원수, 원수, 원수……. 그 원수가 바로 아버지라는 것을 시인하지 않을 수 없었다. 가슴이 아파 밤새 울었다. 그리고 참회하며 기도했다. 용서해 달라고, 용서할 수 있게 해 달라고.

며칠 후 그녀는 월급을 타 집에 가게 되었다. 마음에는 오직 "단 한 번만이라도 아버지를 사랑하게 해 주십시오." 하는 기도뿐. 대문 안에 들어서는 순간, 여전히 술에 취한 아버지의 모습이 보였다. 또다시 미움이 솟구쳤지만 "하느님, 우리 아버지를 사랑하게 해 주십시오!"를 마음 속으로 외치며 말했다.

"아버지, 저 왔어요."

아버지는 놀라 딸을 쳐다봤다. 처음 듣는 인사였기에. 그녀는 그동안 아버지에 대해 가졌던 마음을 고백하며 용서를 청했다. 그들은 함께 얼싸안고 울었다.

아버지가 말씀하셨다.

"내가 잘못했다. 이제 나도 새로 살아보겠다."

그후 그녀의 가정은 완전히 달라졌다.

우리는 용서를 청하고 용서하기 위해 얼마나 기다릴 필요가 있을까?

4

밝은 마음, 맑은 마음

오염된 마음 정화 비용

머리를 식히려고 가까운 청계산에 올랐다. 중간쯤 올라가는데 등산로 쉼터에서 쉬고 있던 사람이 "안녕하세요?" 하고 인사를 했다. 그냥 지나치려는데 인사를 받고 쳐다보니 아빠를 따라 산에 오른 7살쯤 된 꼬마아이였다. 나는 "응, 안녕?" 하고 씩 웃으면서 인사를 받았다. 갑자기 터진 아들의 인사에 아빠는 대견스럽다는 듯 아이의 머리를 쓰다듬으면서 나를 보고 미소를 지었다.

꼬마아이의 해맑은 목소리, 귀여운 표정을 보니 깊은 절간에서 보게 되는 동자 스님이 생각난다. 우리 어른들은 어쩌다 이렇게 근심 걱정에 찌들고 겉모습과 속마음이 탁해졌을까? 모두 욕심 부리고 성내고 어리석은 나머지 삼독심에 오염되어 마음이 더럽혀지고 상하고 썩어가고 있다.

이처럼 타락하고 오염된 우리의 마음을 본래의 깨끗한 마음으로 정화하는 길은 무엇일까? 생활하수를 정상 수질로 돌리는 데 필요한 물의 양을 보면 이야기가 될 것 같다.

우선 술 종류가 가장 많다. 알콜 도수가 높을수록 정화하기가 더 어렵다. 40°짜리 위스키의 경우 소주잔 한 잔(약 $50ml$) 정도를 버리면 15만 배인 $7,500\,l$, 소주는 같은 양일 때 12만 배인 $6,000\,l$가 들어

간다고 한다. 맥주는 150ml를 버렸을 때 3만5천 배인 4,500 l 가 필요하다. 식용유 등 취사용 기름도 만만치 않다. 희석용으로 7만5천 배의 맑은 물이 필요하다. 라면 국물은 5천 배, 우유 · 요구르트는 5만 배의 물이 정화용으로 필요하다.

그러면 생활 속에서 마음이 상하여 오염되고 상하게 된 사람의 마음을 정화하는 방법은? 우리는 화를 내거나, 욕을 하거나, 뺨을 맞거나, 거짓말을 하면 마음이 상하는데, 이의 정화 방법에는 타율적인 방법과 자율적인 방법이 있다. 타율 정화는 상대방의 사과나 위로의 말과 같은 외적 요인으로 상한 마음이 정화되는 것이며, 자율 정화는 스스로 반성하고 마음을 달래어 정화하는 것이다. 구체적으로 어느 정도의 정화 노력이 필요한 지 한 번 생각해 보자.

사람의 마음을 상하게 하는 방법도 사람의 마음을 풀어주는 방법도 많고 많겠지만, 한 번 상한 마음은 저 오염된 물을 정화하는 것보다 더 어렵고 힘든 일이므로 조심하고 자제하고 사과하고 용서하며 살자는 것이다.

전날 부부싸움을 했다면 화해하는데 적어도 장미 한 송이는 사야할 것이다. 회사에서 일하다 언성을 높였다면 점심 한 끼는 사야할 것이고, 게다가 친구나 애인끼리 다투었다면 아마 소주 한 잔 정도는 비워야 마음이 풀리지 않을까.

지혜의 종자를 끊는 술

불교에서는 술은 지혜의 종자를 끊는 것이라 해서 금주를 5계의 하나로 꼽고 있다. 그래서 술의 여섯 가지 허물을 지적하고 있다. 재산을 잃어버리고, 싸우고 시비하게 되며, 질병을 일으켜 앓게 되고, 명예를 손상하고, 성품이 거칠어지고, 지혜와 정력이 소모된다.

어느 봄날, 석가모니가 비구들을 데리고 절 안에 있는 넓은 뜰을 산책하고 있었다. 그때 세 명의 주정꾼이 꽃밭 사이로 들어와 세존을 알아보지 못하고 앞을 가로막고 섰다.

그 중 제일 앞에 섰던 사내는 석가모니를 알아보고, "앗!" 하고 짤막한 비명을 지르며 일시에 술기운에서 깨어났다. 그리고는 "죄송합니다" 하고는 나무 사이로 달아나 버렸다. 또 다른 사람도 세존을 보고 놀랐지만 일부러 못본 척하고, "아아, 기분좋다" 하고 거짓으로 비틀거리면서 지나쳐 갔다.

뒤에 남은 마지막 사람은 일부러 큰소리를 질렀다. "저게 다 무어냐! 도망치는 자식도 있고, 일부러 취한 척하는 놈도 있고……. 대관절 부처가 다 무엇이냐. 석가모니가 무어냐 말이다. 제가 큰 부처라면 나는 큰 주객이다. 누구 돈을 훔친 것도 아니고 내 돈 내고 내가 사먹은 술인데 무엇이 잘못이냐 말이다. 핫핫핫……."

그는 미친 듯 춤까지 추었다. 세존은 잠자코 그곳을 지날 뿐이었고 젊은 비구들은 불쾌한 표정으로 석가모니의 뒤를 따랐다. 그러다 문득 세존이 걸음을 멈추고 비구들에게 말했다.

"비구들이여, 저 주정꾼 중에서 나무 사이로 도망친 처음의 사내는 죄를 죄인 줄 알고 부끄러워했다. 그는 상품의 인간이다. 그 다음 사람은 죄를 죄라고 자각하지는 못했지만 잘했다고 뽐내지고 않았기 때문에 중품의 인간은 된다. 맨 마지막 사내는 죄를 죄인 줄 알면서도 스스로 돌아보지 않고 함부로 욕설을 퍼부었다. 그는 구제할 수 없는 하품의 인간이다. 비구들이여, 상품과 중품은 훗날 구제될 희망이 있지만 하품의 인간은 기대할 것이 없는 인간이다."

마음 세탁소

내 비록 정치인은 아니지만 이따금씩 나라가 걱정될 때가 있다. 우리나라가 '불효공화국', '부패공화국', '오염공화국'이 아닌가 하는 생각을 지울 수 없기 때문이다. 세 가지를 환자에 비유하자면, 중환자실에 입원시켜 급히 수술을 하지 않으면 모두 생명이 위태로울 정도로 상태가 심각하다. 이것을 '3대 난치병'이라고 진단하고 싶다.

이들 3대 난치병의 증세와 고통은 거의 매일 TV와 신문에 나오므로 일일이 열거할 필요는 없다고 생각한다. 다만 지적하고 싶은 것은 이 모든 증세가 사람들 마음이 더럽고, 썩고, 어리석어서 생긴 것이라는 점이다. 나쁜 마음을 먹었으니 나쁜 행동, 나쁜 짓을 하는 것이며, 어리석은 마음을 먹었기 때문에 어리석은 행동, 어리석은 짓을 한다는 것이다. 이 사회가, 이 나라가 더럽게 오염되기 이전에 이 사회, 이 나라 사람들의 마음이 더럽혀져 있다는 말이다.

사람들이 절에도 가고, 교회도 가고, 성당도 가는 것은 나쁜 마음 먹고, 후회할 짓하고, 어리석은 마음 먹고, 어리석은 짓한 것을 참회하고 회개하여 깨끗한 마음, 깨끗한 사람으로 깨끗하게 살겠다고 나가는 것 아닌가.

그래서 나는 절이나 교회, 성당을 대중 목욕탕이라 부르고 싶다. 일주일 동안 마음의 묵은 때를 박박 밀어 씻어버리는 곳이 절이요, 교회요, 성당이 아니겠는가. 세례의식(洗禮儀式)이라는 것도 다 마음의 나쁜 때를 깨끗한 물로 씻어내는 것에 다름 아니겠는가.

이 책에서 처음부터 끝까지 강조하는 '팔자고치기 심이요법'의 심이요법(心餌療法)도 나쁜 마음 먹은 것을 닦아내고 씻어내고 깨끗한 마음, 좋은 마음 먹고 인생을 개척하자는 심성정화(心性淨化)의 한 방법에 다름 아니다.

옛날 절에는 목욕탕 문 위에 이런 목욕 수칙을 붙여 놓았었다.

"한 물건도 없는데 무엇을 씻는단 말인가. 티끌 하나라도 있다면 그것은 어디서 생겨났을까. 오묘한 이 하나의 도리를 말할 수 있어야 모두가 목욕할 수 있으리라. 옛 신령스런 이는 등을 문지를 줄만 아는데 보살은 언제 마음 밝힌 적 있었던고. 때묻지 않은 곳(無垢地)을 닦고자 한다면 온몸에서 흠뻑 땀을 빼야 하리.

묵은 때를 씻는다고 모두들 말하지만 물도 티끌인 줄을 어이 알리. 설령 물과 때를 한꺼번에 없앤다 해도 여기에 이르러 다시 한 번 씻어야 하리라. 몸에서 일어나는 때는 그래도 잘 씻겨 나가겠지만 마음은 욕심 경계를 따라가 더더욱 물이 든다. 불쌍하구나, 근원을 잊은 세상 사람들이여. 한갓 피부만 씻을 뿐 마음은 씻지 않는구나."

목욕 수칙이지만 도를 닦는 스님들을 상대로 한 것이라 이해가 잘 안 될 것이다. 선(禪)의 깊은 도리를 일깨우는 말씀이라 일일이 다 설명할 수는 없고, 다만 원래 깨끗한 우리의 마음자리, 때묻기 이전의 본래 마음자리를 닦아보라(修心性)는 뜻으로 알고 실천하면 될 것이다.

5

수행의 보람

흉내만 내는 세상

세상의 직업은 그 종류가 수천 수만을 넘는다. 그 가운데 성공하고 출세하는 방법도 많지만, 모방도 창조에 못지않은 대접을 받고 있다. 카피, 이미테이션, 표절, 도용 등과 같은 말이 성행하는 것만 봐도 모방과 흉내의 정도가 어느 정도인지 짐작이 갈 것이다. 심지어 모창 가수, 성대 묘사 등을 직업으로 삼아 인기를 얻는 연예인 비슷한 사람도 많다.

과거 마조도일스님이 날마다 좌선(坐禪)에 열중하고 있을 때였다. 그의 스승이 된 남악회양선사가 이를 보고 가서 물었다.

"대덕이시여, 좌선은 해서 무엇하려 하는가?"

도일은 무슨 이런 엉뚱한 질문이 다 있느냐는 듯 툭 내뱉었다.

"부처가 되려고 합니다."

그러자 남악이 기왓장 한 개를 가지고 그의 암자 앞에 가서 돌에다 갈고 있었다. 이 우스꽝스런 모습을 본 도일이 말했다.

"스님, 지금 무엇하려 하십니까?"

"갈아서 거울을 만드려고 하네."

"아니, 기왓장을 갈아서 어떻게 거울을 만들 수 있겠습니까?"

그러자 남악이 도일에게 다가와서 되물었다.

"기왓장을 갈아서 거울을 만들 수 없다면 앉아서 부처님 흉내만 내
서야 어떻게 성불하겠는가."

"그럼, 어떻게 해야겠습니까?"

남악이 대답했다.

"사람이 수레를 모는 것과 같으니 수레가 가지 않으면 수레를 때려
야 하겠는가, 소를 때려야 하겠는가?"

이 말에 도일은 문득 말문이 막혔다. 남악이 다시 말을 이었다.

"그대는 앉아서 선(禪)을 배우는 것인가, 앉아서 부처를 배우는 것
인가? 만일 앉아서 선을 배운다면 선은 앉고 누울 때 있는 것이 아니
요, 만일 앉아서 부처를 배운다면 부처는 일정한 모양이 없으니, 그대
가 만일 앉아서 성불을 하겠다면 이는 부처를 죽이는 것이며 앉은 모
양에 집착하면 이치를 깨우치지 못하리라."

이 말에 도일은 나아갈 길을 찾았다.

요즘 이른바 운명의 수레가 잘 나가는 사람, 구름 위로 떴다는 사람
을 보고, '나는 왜 맨날 제자리일까' '나는 왜 맨날 밑바닥일까' 하고
생각하는 사람이 있을지 모르겠다. 내 보기에 모두 호랑이 가죽, 부처
의 모습을 그린 화가로 보일 뿐이다. 호랑이 뼈, 부처의 마음을 그리려
는, 아니 흉내라도 내는 사람은 눈을 씻고 봐도 찾아보기 힘든 세상이
다. 문수보살의 게송이나 외워 볼 뿐이다.

사람이 잠깐 동안 좌선하는 것은
칠보탑을 쌓는 일보다 나으니,

282

칠보탑은 필경에 티끌이 되지만

좌선은 깨달음을 이루게 되리.

마음을 떠난 사람들

요즘 컴퓨터, 인터넷, 사이버 바람이 어찌나 심하게 부는지, 그 강한 흡인력에 모든 것이 빨려드는 것 같은 생각이 든다. 사람들의 마음도 사이버 공간이라는 가상 현실에 익숙해져 뭐든지 손쉽게 순식간에 뚝딱 해치우려는 사고방식을 갖게 되는 것 같다.

마음을 찾는 바른 길이 분명 있음에도 굳이 이를 외면하고 이상한 호흡법, 수련법, 체조법으로 뭔가 튀어보이는 것을 속히 이루려는 방황하는 모습을 보면 오직 안타까울 뿐이다. 이제 마음 찾는 수행조차 '더럽고 힘들고 위험한' 것을 외면하는 3D화 풍조가 번지는 것 같아 너무도 한심할 따름이다.

석가모니 당시 코살라 국에 녹두라는 해골주술에 도통한 수행자가 있었다. 이 외도는 주문을 외우며 해골을 두들겨서 이 사람은 어디서 태어났다는 것을 알아맞추었으며, 죽은 지 3년쯤 지난 사람도 그 출생지를 맞출 수가 있었다. 그는 가정 갖기를 싫어하여 방랑자의 무리에 들어갔고, 그 주술에 의해 사람들의 추종을 얻고자 각국을 편력하고 다녔다.

어느 날 세존이 왕사성의 영취산에 있을 때, 그가 세존과 재주를 겨루자며 뜻을 전해왔다. 이리하여 세존은 녹두를 만나 그를 데리고 산을 내려와 고분이 있는 곳에 가서 하나의 백골을 집어들고 말했다.

"그대는 해골의 주술에 달통했다고 하는데, 이 백골의 임자는 남자
냐, 여자냐?"

녹두는 주문을 외고 백골을 집어들고 손가락으로 두들기며 말했다.

"세존이여, 이것은 남자올시다."

"어떠한 병으로 죽었느냐?"

"여러 가지 병이 겹쳐 죽었습니다만, 5각형의 열매에 꿀을 섞어 마
셨더라면 살았을 것이오."

"지금 이 사내는 어디에 태어나 있느냐?"

"삼악도(지옥 · 아귀 · 축생)에 빠져 있소이다."

녹두는 한껏 기가 살았다. 세존은 다른 백골을 주워 들고 물었다.

"이것은 남자냐, 여자냐?"

"여자입니다."

"무슨 병으로 죽었느냐?"

"난산으로 죽었습니다."

"지금은 어디에 태어나 있느냐?"

"축생도에 태어나 있습니다."

녹두에게는 몇 개의 해골이 주어져 남녀의 구별과 사인, 출생지를
낱낱이 알아맞추었다. 세존은 다시 다른 하나의 해골을 집어들고 물었
다. 그것은 열반에 든 부처님 제자의 것이었다. 녹두는 이번에도 자신
만만하여 주문을 외고 손가락으로 두들기고 힘을 다하여 백골의 임자
를 알아맞추고자 했지만 알 수가 없었으므로, 마침내 세존의 지혜를
청했다. 그러자 세존이 대답했다.

"이것은 열반에 든 불제자의 것이다."

녹두는 이것을 석가모니의 도술이라 생각하고 그 기술을 배우고 싶다고 했다. 세존은 부처의 제자가 된다면 가르쳐 주겠다고 했다. 드디어 그는 석가의 가문에 들어와 부지런히 수행하여 마침내 진정한 깨달음을 얻었다. 이제 녹두는 더이상 남의 해골 임자를 아는 일이 필요없게 되었고, 나날이 열반의 노래를 불렀다.

대신할 수 없는 일

세상 살면서 남의 병역도 대신하고, 감옥도 대신 가고, 부모 자식도 대신 되어 주고, 심지어 군에서 부하를 대신해서 죽기도 할 수 있는 게 사람이다. 그러나 누군가 나를 대신해서 무언가를 다해 주면 한없이 좋을 것 같지만 그게 다 빛이요, 진정 내 인생의 의미가 될 수는 없다. 생각해 보라. 친구가 내 대신 테니스를 쳐 준다고 나의 건강이 좋아지겠는가.

내가 마음을 먹고 먹지 않는 것에 따라 근본 운명이 바뀌고 안 바뀌고 한다는 말을 하고 싶은 것이다. 이 또한 팔자고치기 심이요법(心餌療法)이다.

어떤 동네에 스님과 창녀가 집을 마주하고 살고 있었다. 그런데 묘하게도 두 사람은 같은 날 죽었다. 그들의 저승 팔자는 어떻게 되었을까. 창녀는 천상에 인도되고 스님은 지옥으로 끌려가게 되었다. 두 영혼을 데리러 온 저승사자들도 영문을 몰라 어리둥절했다. 그래서 서로 물었다.

"아니, 어떻게 된 거야? 뭔가 착오가 생긴 게 아닐까? 스님을 지옥으로 데리고 가다니. 그는 일생 동안 수도에만 전념하지 않았는가?"

다른 한 명이 대답했다.

"스님은 성스러운 분이셨지. 그런데 그는 창녀를 부러워하고 살았던 거야. 창녀의 방에서 아름다운 음악과 노래가 흘러나오면 그의 마음 밑바닥을 마구 흔들어 놓았지. 그래서 스님이 경을 읽고 목탁을 칠 때도 창녀의 방에서 들려오는 소리에 마음이 쏠려 있었던 거야. 그런데 그 창녀는 '언제나 이 지옥 같은 생활을 청산하고 저 앞집 스님처럼 아침예불을 드리고 불단에 꽃을 꽂을 것인가. 언제나 나도 절에 기도를 드리고 꽃을 바치는 스님 팔자같이 거룩한 인생이 될 수 있을까. 이렇게 더럽혀진 몸으로 감히 어떻게 꽃을 바친담' 하고 앞집 스님의 생활을 동경하며 살았던 거지."

이렇게 창녀는 항상 대신할 수 없는 스님의 생활을 부러워했고, 스님은 반대로 대신할 수 없는 창녀의 쾌락적인 생활을 동경한 나머지 죽어서 가는 저승 팔자가 달라진 것이다. 결국 둘은 자기가 평소 마음먹은 대로 지옥과 천당으로 가게 된 것이다.

나의 운명, 누가 대신할 것인가!

저승길과 화장실 가는 길을 대신할 수 없듯, 마음 닦아 성불하는 것은 부처님도 예수님도 대신할 수 었는 나의 일, 나의 길이다. 이 길을 가보자.

6
지혜의 등불

어리석은 사람들

예전에 당대의 명의 소리를 듣는 의사가 있었다. 노모가 병이 났는데 정작 당신 모친의 해소병을 못 고치는 것이었다. 그런데 의사가 오랫동안 출장을 간 사이, 그의 제자가 할머니의 병을 깨끗이 치료했다. 명의가 집에 와서 보니 모친의 해소병이 깨끗이 완치가 된 것이 아닌가. 그러나 명의는 기뻐하기는커녕 대성 통곡을 하니 제자가 몸둘 바를 몰라했다.

"어머니를 좀더 모시고 살려 했더니 이렇게 되고 말았구나."

그 의사는 처음부터 노모의 병을 치료하지 못해서 안 한 것이 아니라, 노모의 체질에 해소를 치료하고 나면 다른 합병증이 생길까봐 치료를 삼가하고 있던 것이었다. 과연 노모는 전보다 심하게 기침을 하더니 몇 달밖에 살지 못하고 죽고 말았다.

옛날 어떤 사장이 금과옥조로 아끼는 놋그릇 골동품의 '때깔'을 청소한답시고, 반짝반짝 윤이 나게 닦아놓고 자랑했다는 어떤 비서의 행동이 생각나 미소를 금치 못하겠다.

대지여우(大智如愚)라고, 큰 지혜를 가진 사람은 공명정대하여 잔재주를 부리지 않기 때문에 얼른 보기에는 어리석은 사람같이 보일 뿐인데, 뱁새가 봉황의 뜻을 어찌 헤아리겠는가.

화재사고만 났다 하면 사상자가 수십 명이니 이 무슨 망조인지 모르겠다. 인천의 무허가 호프집 화재사고로 또 아까운 중·고등학생 50여 명이 목숨을 잃었다. 이제 안전불감증이니 부실관리니 뇌물이니 하는 말에 소름이 끼칠 정도다.

'난 책임 없어' 하며 남의 가슴에 손을 얹지 마시고 각자 자신의 가슴에 손을 얹고 '다 내탓이오' 하는 참회의 자세가 필요한 시점인 것 같다.

옛날 한 국왕에게 공주가 태어났다. 왕은 의사를 불러 당부했다.

"공주에게 약을 먹여 단시일에 크게 자라게 하라."

그러자 의사가 대답했다.

"그러시다면 아주 신기한 약을 지어드려 단시일에 자라도록 하겠습니다. 그러나 그 약은 지금 소인의 손에 없으므로 가져와야 하겠습니다. 그 약을 소인이 가지고 올 때까지 폐하께서는 절대로 공주님을 만나서는 아니되옵니다. 약을 복용하게 한 다음에 폐하께 보여 드리겠습니다."

이리하여 의사는 먼 곳으로 약을 가지러 떠났다. 드디어 약을 구해 가지고 궁궐에 돌아와 공주에게 복용하게 한 다음 왕에게 공주를 데리고 갔다. 왕은 공주를 보고 크게 만족해했다.

"실로 명의로다. 짐의 공주에게 약을 먹여 이렇게 빨리 자라게 하다니……."

그리고 측근에 명하여 진귀한 보물을 상으로 내렸다. 그때 사람들이 속으로 왕을 비웃었다.

"그동안 12년의 세월이 지나갔는데, 공주가 그새 자란 것은 모르고 그것이 약의 효험 때문이라고 믿다니. 몹시 어리석고 어리석도다."

지금 저 어리석은 왕처럼 빨리빨리병에 걸린 우리들 마음을 말끔히 고쳐 줄 명의는 없는 것일까. 있다. 그것은 바로 우리들 자신이다. 우리가 스스로 나쁜 마음을 고쳐먹을 때, 모든 우리 사회의 병리현상도 사라지게 될 것이다. 우리의 망가진 마음을 깨끗하게 수리합시다.

"수리수리 마하수리 수수리 사바하!"

7

참 싱거운 세상

믿음이 무너지는 세상

　TV방송국 전 앵커우먼은 자신에 대한 허위 사실을 유포한 혐의로 구속기소된 피의자의 공판에 증인으로 출석하여 재판부에 아들의 유전자 감식을 의뢰했다고 한다. 이런 명예훼손에 관한 입씨름을 보고 있노라면 '가루는 칠수록 고와지고 말은 할수록 거칠어진다' 는 속담이 생각난다.

　과거 솔로몬 왕은 매우 지혜로운 사람으로 알려져 있었다. 어느 날 두 여자가 한 아이를 데리고 와서 서로 자기 아이라고 다투며, 솔로몬 왕에게 재판을 청해 왔다.

　솔로몬 왕은 여러 가지로 사실을 조사해 보았지만, 자기도 누구의 아이인지 도무지 알 수가 없었다. 그런데 당시 유태인의 관례상 소유물이 어느 쪽에 속하는지 불분명할 때에는 공평하게 둘로 나누는 것이 상식이었다. 그래서 솔로몬 왕은 아이를 두토막으로 자르도록 명했다. 그러자 한쪽 어머니가 갑자기 미친 듯이 울부짖으며, 그렇게 하려거든 차라리 그 아이를 저쪽 여자에게 주라고 외쳤다.

　그 광경을 보고 솔로몬 왕은 "당신이야말로 진짜 어머니다"고 판정하여 아이를 그녀에게 넘겨 주었다.

　이번에는 부부에게 두 아이가 있었다. 둘 다 사내아이였는데, 한쪽

아이는 여자가 딴 남자와 불륜의 관계를 맺어 태어난 아이였다. 남편
은 어느 날 아내가 어떤 사람에게, 두 아이 가운데 하나는 아버지가 다
른 아이라고 하는 이야기를 들었다. 그러나 남편은 어느 쪽이 자기 씨
인지 가려낼 수가 없었다.

그 뒤 남편이 중병에 걸렸다. 그는 죽기 전에 유서를 썼다. 자기의
혈통을 이어받은 아들에게 모든 재산을 주겠다는 것이었다. 그가 죽자
유서는 랍비에게로 전해졌고, 랍비는 죽은 아버지의 혈통을 가려내지
않으면 안 되게 되었다. 랍비는 두 아들과 함께 아버지의 무덤에 가서
무덤을 모욕하는 뜻으로, 무덤을 막대기로 힘껏 치라고 명했다. 그러
자 한 아들이 울면서 말했다.

"나는 도저히 아버지의 무덤을 모욕할 수 없습니다."

랍비는 무덤을 치지 못한 쪽이 진짜 아들임에 틀림없다는 판정을 내
렸다.

오늘, 이와 같은 문제를 우리의 부모, 자식 앞에 갖다 놓고 유태인의
방식으로 진실을 가려내겠다고 한다면? 아, 유감스럽지만 '당연한 결
과'를 기대할 수 없다는 게 솔직한 심정이다.

참으로 아는 사람

스님 한 분이 비탈진 강가를 건너고 있었다. 그런데 어떤 한 여인이
발을 헛디뎌 물 속에 빠져 허우적거리다가 겨우 물가로 기어나오는 것
이었다. 여인은 물을 너무 많이 먹었던지 기도가 약해 숨쉬기가 위태
로워 보였다. 스님이 얼른 달려가 여인을 바로 눕혀놓고 가슴을 누르

고 또 코와 입에다 자기의 입을 갖다 대고 열심히 인공호흡을 실시했다. 마침 저 멀리서 또 한 스님이 이 광경을 지켜보다가 '아니, 스님이 여인을 끌어안고 희롱하다니. 여인의 몸에 손도 대지 말라는 계율도 모른다면 이를 스님이라 할 수 있는가' 하고 "나무아미타불"하면서 돌아섰다.

물에 빠진 여인은 스님의 응급처치로 정신을 차리고 생명도 건질 수 있었다. 스님은 여인이 깨어나는 것을 보고는 그녀에게 합장 배례하고 길을 떠났다. 여인은 스님의 뒷모습을 보면서 몇 번이나 큰절을 하고 생명의 은인이라며 백배 감사드렸다.

그런데 이 스님은 먼 발치에서 그 광경을 목격한 다른 스님의 오해로 '여인을 끌어안고 희롱했다'는 혐의로 파계승이 되어, 가는 절마다 냉대를 받았다. 이때 스님은 '눈으로 직접 본 일도 그 실체를 알 수 없는데 안 본 일에 있어서야 말하여 무엇하겠는가'고 깨닫게 되었다.

그래서 세상을 향하여 '귀로만 듣고 소리로만 판단하는 일이 얼마나 가증스러운가' '직접 눈으로 본 일도 아닐 수 있다'는 교훈을 설파했다 한다.

노자도 충고하지 않았던가.

"참으로 아는 자는 말이 없고 말하는 자는 모른다."

8

더 높은 곳을 향하여

노후 대책 유감

사람이 나이가 들면 아이가 된다고 하는데, TV에서 '좋은 세상 만들기'란 프로그램에 나오는 노인들을 볼 때마다 그런 생각이 절로 난다. 아이가 된다는 말에 천진난만한 동심의 세계로 돌아간다는 뜻만 있으면 좋겠지만, 그 속엔 점점 심신의 기능이 저하되어 간다는 뜻도 내포되어 있으므로 한편 서글픈 생각이 들기도 하는 것이다. 노인들의 좀 엉뚱한 언행을 보고 마냥 재미있어 할 수만은 없는 까닭인 것이다.

언젠가 지하철 2호선 열차를 탔을 때의 일이다. 열차가 서울대입구역을 지나자, "다음에 정차할 역은 낙성대입니다"라는 차내 안내방송이 나왔다. 그때 앞에 앉아 계시던 할머니가 갑자기 내 무릎을 쿡쿡 찌르더니 "여보슈, 낙성대가 국립이요, 사립이요?" 하는 것이다. 할머니의 갑작스런 질문에 내가 머뭇거리는 사이 옆에 아저씨가 "할머니, 그건 대학이 아니예요." 했다. 그러자 할머니 왈, "에잉- 대학이 아니라니, '서울대 다음'이면 일류지, 일류." 이 할머니의 신념에 찬 말씀에 주위는 웃음보가 터지고 말았다.

또한 노인들은 참 단순한 것 같다. 물론 젊은 사람도 그에 못지않지만. 무조건 '효도관광', 그것도 비행기 타고 외국에 갔다 와야 행복한 것이고 효자·효부를 둔 것으로 믿고 자랑을 하시니 말이다. 나는 노인들이 아메바처럼 단세포적인 삶을 사는 것으로 인생을 마감하는 게 유감이다. 이것은 아마도 세월에 떠밀려 사느라 정작 당신들의 삶을 미처 준비하지 못한 때문이기도 할 것이라 믿는다. 흔히 노계(老計)라 하여 여러 가지 노후 대책을 거론하지만, 내 보기에 노계의 백미는 사후(死後) 대책이 아닐까 싶다.

우선, 마음 닦는 선(禪) 수행을 권하고 싶다. 그 높고 높은 공덕은 세상 그 무엇과도 결줄바가 없음을 감히 장담하는 것이다.

아낌없이 주는 사랑

석가모니가 비사리 성에 머무를 때였다. 장군 한 사람이 세존께 질문했다.

"세존이시여, 보시는 선한 일이라고 합니다만, 보시를 해서 금생에 받는 과보에 대해 한 말씀해 주십시오."

"장군이여, 보시하는 자는 많은 사람들로부터 사랑을 받는다. 이것이 금생 과보의 하나인 것이다. 또 보시하는 자에게는 바른 선인이 있어 따르고 섬긴다. 이것이 두 번째 과보다. 또 보시하는 사람의 명예는 높이 칭송된다. 이것이 금생의 세 번째 과보다. 또 보시하는 사람은 왕족의 모임, 학자의 모임, 부자의 모임, 또는 출가자의 모임 어디에 가더라도 두려움이 없이 마음 든든히 들어갈 수가 있다. 이것이 금생의 네 번째 과보다. 또한 보시하는 사람은 그 공덕에 의해 죽은 뒤에 천계에 태어날 수 있다. 이것은 내생의 과보다."

그러자 장군이 다시 질문을 했다.

"세존이시여, 다섯 가지 과보 가운데 앞의 네 가지는 저도 알고 있습니다만, 마지막 내생의 과보에 대해서는 잘 모르겠습니다. 자세히 좀 알려 주십시오."

그러자 다음과 같은 이야기를 들려 주었다.

비사리 성에 묵가라는 귀족이 살고 있었다. 어느 날 세존은 초대를 받고 그의 집을 방문했는데, 주인이 이렇게 말했다.

"세존이시여, 저는 존자께서 친히 선한 일을 하는 자는 선한 과보를 얻는다고 들었습니다. 이 과일은 맛이 매우 좋은 것입니다. 부디 존자의 자비심으로 받아주십시오."

돼지고기와 국과 많은 만찬과 맛깔스런 쌀밥을 권하자, 세존이 받는 것을 보고 이렇게 말했다.

"긴 술이 달린 직물을 깔든가 양피 포단에 덮보를 씌우고 양쪽에 빨강빛의 베개를 마련한 의자는 좋은 것임에는 틀림없습니다만, 세존 같은 어른에게는 걸맞다고 생각되지 않습니다. 그래서 저는 이 향나무의 결상을 올리고자 합니다. 부디 이것을 받아주십시오."

이번에도 세존은 묵묵히 고개를 끄덕이며 이것을 받았다.

이 일이 있은 지 얼마후, 묵가 귀족은 이 세상을 떠나 천계에 태어났다. 어느 날 밤, 세존을 찾아뵙고 그 곁에 모셨더니 세존이 그에게 물었다.

"묵가여, 그대의 소원대로 되었느냐?"

"세존이여, 고맙습니다."

가장 행복한 사람

행복에는 여러 가지가 있을 수 있다. 돈이 많은 것도 행복의 하나이
고, 지위와 명예를 가진 것도 행복의 한 가지일 것은 분명하다. 그러나
마음 밖에 한 물건도 없음을 믿는 나로서는 마음을 맑고 고요히 하여
평온한 것이 행복이 아닐까 한다.

이에 더하여 나는 욕심이 많아, 행복을 구하되 영원한 행복을 구한
다. 생각해 보시라. 마치 술에 만취한 사람이, 그야말로 '필름이 끊기
도록' 마셨다면 그는 취중에 자신이 한 언행을 하나도 기억할 수가 없
다. 우리 인생이 이와 전혀 다를 바가 없다는 것이다. 태어날 때도 저
만취한 사람처럼 정신없이 왔고 갈 때 또한 저 만취한 사람처럼, 자기
가 어디로 가는지도 모르고 가는 것이다. 그러니 우리 인생이 꿈 자체
인 것이다. 그래서 꿈을 깨는 공부, 술을 깨는 공부를 하는 것이니 바
로 마음 닦는 수행 참선(參禪)이다.

꿈에서 깨어나기 전에 하는 일체의 언행은 다 잠꼬대요, 몽유병 환
자의 짓이다. 그러므로 인생의 의미를 두고 '행복하기 위해서' '효도
하기 위해서' '조국의 통일을 위해서' 라고 하는 것은 정말이지 엉터
리 중의 상 엉터리가 아닐 수 없는 것이다.

석가모니 당시 영취산 인근 이시기란 산골짜기에 외도를 닦는 니건 자(尼乾子)가 선 채로 꼼짝 않고 고행을 하며 심하게 고생하고 있었다.

어느 날 저녁, 세존이 선정(禪定)에서 나와 그들에게 다가가서 물었다.

"어찌하여 여러분들은 항상 선 채로 꼼짝 안 하는 고행을 하며 이 심한 고통을 감수하고 있는가?"

그러자 그 무리들이 대답했다.

"저희들의 스승인 니건자는 전지전견(全知全見)하여 무한한 지혜를 갖추고 있습니다. 스승은 자기 마음 속에는 행주좌와(行住坐臥)에 항상 지견이 열려 있다고 말하시면서 '제자들이여, 너희들은 전생에 악업을 쌓았다. 그것을 이 고행으로 벗어나지 않으면 안 된다. 지금 신(身)·구(口)·의(意)를 억제하고 고행에 의해 전생의 업을 타파하고, 다시 업을 짓지 않으면 업이 소멸된다. 업이 다하면 고통도 사라진다. 고통이 사라지면 고뇌에서 벗어날 수 있다.'고 가르칩니다. 스승이 한 말씀을 저희들은 기쁘게 지키고 있습니다."

그러자 세존이 다시 물엇다.

"그대들은 과거에 존재했는지, 안 했는지 알고 있는가?"

"모르는데요."

"그럼, 그대들은 과거에 악업을 지었는지 안지었는지 알고 있는가?"

"모르겠는데요."

"그럼 그대들은 이미 어느 만큼의 고뇌가 제거되었고, 어느 만큼의 고뇌가 남았으며, 어느 만큼의 고뇌가 제거되면 일체의 고뇌가 말끔히 제거되는지를 알고 있는가?"

"그것 또한 모르겠는데요."

"그럼, 그대들은 전생에 존재했는지 안 했는지도 알지 못하고 있다. 전생에 악업을 지었는지 안지었는지 조차도 모른다. 또 어느 만큼의 고뇌가 남았고 어느 만큼이 제거되면 모든 고뇌가 말끔히 제거되는지도 모르고 있다. 그러고 보면 참혹하게 손에 피를 묻힌 사람들만이 니건자의 무리로서 출가하게 된다."

그러자 니건자 중의 하나가 따지듯 물었다.

"붓다여, 행복은 행복에 의해 얻어지지 않습니다. 고뇌에 의하여 얻어지는 것입다. 만일 행복이 행복에 의하여 달성되는 것이라면 빈바사라 왕은 행복에 이르렀을 것입니다. 왜냐하면 빈바사라 왕은 붓다보다는 현재 행복한 생활을 하고 계시기 때문입니다."

"너희들은 생각함이 없이 제멋대로 이런 말을 해서는 안 된다. 과연 빈바사라 왕이 나보다도 행복한 생활을 하고 있다고 믿느냐?"

"오오, 붓다여, 우리들은 약간 제멋대로 생각없이 말씀드린 듯합니다. 여기에 저희들은 진정 궁금합니다. 빈바사라 왕과 붓다 두 사람 가운데 더 행복한 생활을 하는 분은 과연 누구입니까?"

"니건자들이여, 그에 대해선 오히려 내가 묻고 싶다. 한 번 대답해 보아라. 빈바사라 왕은 몸을 움직이지 않고 말도 하지 않은 채 7일 7야 동안 완전한 행복을 느끼면서 살 수 있다고 생각하느냐?"

"그것은 불가능합니다."

"그럼 다시 묻겠다. 빈바사라 왕은 6일 6야, 5일 5야, 4일 4야, 3일

3야, 2일 2야, 1일 1야 동안이라도 몸을 움직이지 않고 말도 하지 않은 채 완전한 행복을 느끼면서 살 수 있다고 생각하느냐?"

"그것도 불가능합니다."

"여러분, 나는 1일 1야, 몸을 움직이지 않고 말을 하지 않으면서 완전한 행복을 느끼면서 생활할 수 있다. 또 2일 2야에서 3일 3야, 4일 4야, 5일 5야, 6일 6야, 7일 7야에 이르기까지 조금도 몸을 움직이지 않고 말을 하지 않으면서 완전한 행복을 느끼고 생활할 수 있다. 이런 사정으로 볼 때 두 사람 가운데 보다 행복한 생활을 하는 사람은 빈바사라 왕일까 나일까?"

"붓다여, 말씀을 듣고 보니 붓다인 것은 물론입니다."

석가모니는 이처럼 선정력(禪定力)의 수승함을 자세히 설법하며 니건자 무리들을 바른 길로 제도했던 것이다. 항상 선정 가운데 분명하고 또렷또렷하게 자재하고 있어 이 경지가 바로 열반, 해탈이니 곧 생사의 윤회가 끊어진 영원한 행복, 완전한 행복을 누리는 대자유인인 것이다. 그를 가리켜 부처라 한다.

나무아미타불

행복하세요.